LA DURÉE DU TRAVAIL

DANS LES

HOUILLÈRES DE BELGIQUE

PAR

Albert CAUVIN

DOCTEUR EN DROIT

PARIS

V. GIARD ET E. BRIÈRE

LIBRAIRES-ÉDITEURS

16, RUE SOUFFLOT ET 12, RUE TOULLIER

1909

LA DURÉE DU TRAVAIL

DANS LES

HOUILLÈRES DE BELGIQUE

PAR

Albert CAUVIN
DOCTEUR EN DROIT

PARIS
V. GIARD ET E. BRIÈRE
LIBRAIRES-ÉDITEURS
16, RUE SOUFFLOT ET 12, RUE TOULLIER

1909

APPENDICE

Au moment où se terminait l'impression de cette étude, nous avons reçu de M. le représentant Denis, membre du Conseil Supérieur du travail, une lettre dans laquelle, avec une exquise bonne grâce, il consent à bien vouloir nous faire connaître le dernier état de la question de la limitation de la durée du travail des adultes dans les mines de houille de Belgique, et à nous fournir les précisions que nous avions sollicitées de lui à ce sujet (1).

Nous le prions d'agréer nos vifs et bien sincères remerciements pour les précieuses indications qu'il nous donne, et espérons qu'il ne nous tiendra pas rigueur d'avoir publié ci-dessous, à titre documentaire, les lignes que nous avons eu la bonne fortune d'obtenir de lui.

1er janvier 1909

34, rue de la Croix
Ixelles-Bruxelles, le 31 décembre 1908.

Cher Monsieur,

Je m'excuse de vous répondre aussi tard, mais c'est pour vous mieux servir. Je comptais en effet pouvoir vous envoyer

1. Voir note 2, page 220 ci-dessus.

nonseulement les procès-verbaux du Conseil Supérieur du travail, mais encore ce qui est infiniment plus important, le rapport de la section centrale de la Chambre (1) sur la réduction de la durée du travail des mineurs. En ce moment, hélas ! *aucun de ces deux documents ne m'est encore parvenu;* force m'est de vous prier d'attendre encore quelques jours.

Vous trouverez page 235 de l'*Ouvrier Mineur* que je vous envoie, des indications préparatoires.

Le Conseil Supérieur du travail a été saisi par le gouvernement (je vous envoie à cet égard une brochure de

1. Dans sa réunion du 15 décembre dernier, la section centrale chargée d'examiner le projet de loi sur la *limitation des heures de travail* (V. page 110 ci-dessus) a abordé la discussion des modalités d'application.

Les limites suivantes ont été admises, en ce qui concerne les mines de combustibles.

Un an après la promulgation, neuf heures et demie ;

Deux ans après, neuf heures.

Il ne pourra y avoir que huit heures de travail effectif, du jour au jour.

La section centrale a rejeté les paliers allant plus loin, c'est-à-dire permettant des abaissements ultérieurs.

La loi sera applicable à tous les ouvriers du fond, sauf les surveillants et gardes-écuries.

Il y aura des dérogations en cas de crise de combustible, mais seulement pour trois mois, dérogations accordées par arrêté royal.

Lorsqu'il y a menace d'accident, le travail supplémentaire sera permis, mais en prévenant les officiers des mines.

La loi sera applicable aux mécaniciens d'extraction et de remonte.

Un arrêté royal fixera une journée de travail moindre pour les ouvriers travaillant dans une température élevée et dans l'humidité.

L'ensemble du projet a été adopté à l'unanimité moins une abstention

Voir l'*Ouvrier Mineur*, novembre-décembre, 1908, 8e année, nos 11 et 12.

moi sur les projets de lois (1), il fut saisi dans les mêmes termes que le Conseil Supérieur de l'industrie et du commerce (2).

Il s'agit bien, comme vous le dites, de la réglementation *générale* du travail des adultes (3). Au vote, le président a rejeté une proposition spéciale de moi, sur la *journée des mineurs* (4).

L'Assemblée plénière du Conseil Supérieur du travail n'a accepté les conclusions de Dejace que modifiées par l'intercalation d'une résolution autorisant pour des industries spéciales seulement une dérogation au principe de la délégation générale (5).

J'attends aussi, pour vous l'envoyer, le rapport général de la Commission d'enquête.

Pardon encore pour ces retards accumulés et involontaires, vous en voyez les raisons.

Croyez à mes meilleurs sentiments.

H. DENIS

---

1. *Les projets de limitation de la durée du travail des adultes en Belgique*, par H. Denis, imprimerie Bénard, Liége, 1908.
2. V. p. 218 ci-dessus ; et en ce qui concerne le Conseil Supérieur de l'industrie et du commerce, pp. 131 et 132 ci-dessus.
3. V. pp. 110 et 131 ci-dessus.
4. V. p. 220 ci-dessus.
5. V. pp. 218 et 219 ci-dessus.

La durée du travail

DANS

LES HOUILLÈRES DE BELGIQUE

INTRODUCTION

Deux années à peine s'étaient écoulées depuis la promulgation de la loi française du 29 mars 1905, loi limitant à huit heures la journée des ouvriers employés « à l'abatage » dans les travaux souterrains des mines de combustibles, que le même principe « Réglementation de la durée du travail de l'ouvrier mineur » venait en discussion devant la Chambre des Représentants de Belgique.

En matière de questions sociales, l'exemple est rapidement contagieux. Celui de la France allait-il être suivi par la Chambre belge ? Bien que sur cette question la Belgique n'eût pas le mérite de l'innovation, il était permis de se demander, sans crainte de paraître timoré, ennemi du progrès et des réformes visant à l'amélioration du sort des travailleurs, si une telle question était mûre, si elle n'était pas trop grosse de conséquences et si elle n'allait pas mettre en jeu la prospérité industrielle de la Belgique.

« Le Parlement français avait, en effet, le premier en Europe, établi le principe de la journée de huit heures (1), mais les résultats de l'application de ce principe ne pouvaient être contrôlés et n'avaient pas encore infirmé ni les calculs ni les prévisions des partisans et des adversaires de la réglementation. »

Le système des « paliers » dont le but était de permettre aux exploitants de remédier, par des réformes dans l'outillage et l'organisation du travail, à la diminution de production pouvant résulter de la réduction de la journée, avait reculé l'application de la loi et les effets de la limitation.

Six mois après la promulgation, la journée des abatteurs des mines de combustibles, aux termes de l'article 1er, ne pouvait excéder une durée de neuf heures, au bout de deux ans à partir du terme précité la durée de cette journée était réduite à huit heures et demie, et au bout d'une nouvelle période de deux années à huit heures.

Ainsi, en envisageant l'application normale de ce

1. M. R. Bes de Berc. Thèse, Paris, 1906. *La Loi du 29 juin 1905 sur la Durée du Travail dans les Mines*, p. 106.

nouveau texte, les abatteurs des houillères françaises ne devaient voir luire la journée de huit heures qu'en 1910 (1) !

Cette constatation réduit considérablement la portée de l'exemple donné par la France et contribuera à justifier par la suite la longueur des discussions, la lenteur des travaux législatifs, ainsi que les enquêtes sollicitées par la prudence des hommes responsables du pouvoir en Belgique.

---

1. Lettre adressée par M. Barthou à M. Denis, membre de la Chambre des Représentants, et lue par ce dernier à la séance du 1er mars 1907 (*Annales parlementaires*, Chambre, 1906-1907, p. 676, col. 1).

« Paris, le 27 février 1907.

« Monsieur le Député,

« Vous me demandez de vous renseigner sur l'influence que la limitation légale du travail a exercée sur l'effet utile des mineurs en France.

« Quant à la question que vous voulez bien me poser sur l'influence que les dispositions de la loi du 29 juin 1905 peuvent avoir sur le rendement utile de l'ouvrier et par suite de la production, il n'est pas possible actuellement de vous fournir des indications à ce sujet.

« La loi est entrée en application le 5 janvier 1906 et dans les deux premières années la durée du travail est fixée à neuf heures. Cette durée est plutôt supérieure à celle qui existait dans les principales exploitations houillères ; par suite, durant la première période d'application les nouvelles dispositions légales n'apportent pas de changements bien sensibles à l'état de choses qui existait antérieurement.

« C'est seulement à partir de l'année prochaine, où la durée du travail sera réduite à huit heures et demie, et surtout à partir de 1910, où elle ne sera plus que de huit heures, que les effets de la loi se feront réellement sentir. Jusque-là on ne peut avoir aucune indication précise.

« J'ai donc le regret de ne pouvoir vous fournir le renseignement que vous désirez.

« *Le Ministre des Travaux publics,*
des Postes et des Télégraphes, »
« Louis Barthou »

Sans, pour le moment, vouloir étudier la situation des partis, ni la politique du Cabinet qui a assisté à la discussion de la question de la réglementation du travail des mineurs adultes, sans rechercher l'inclination plus ou moins grande que le premier ministre, M. de Smet de Nayer, pouvait avoir pour les lois ouvrières : nous devons reconnaître qu'il est bien dans le rôle du chef d'un gouvernement de rester insensible aux passions démagogiques et de ne pas entrer dans la voie des réformes avant que l'étude des faits lui ait surabondamment prouvé que l'amélioration du sort des travailleurs d'une branche d'industrie est nécessaire, possible, durable, et qu'elle n'aura pas finalement pour conséquence la ruine industrielle du pays tout entier.

A placer la question sur ce terrain l'on passe pour un économiste classique, cherchant à enfler démesurément les données du problème, dans le but de se refuser à toute intervention.

Pourtant, sans beaucoup réfléchir, il est aisé d'embrasser d'un coup d'œil la gravité du sujet, ainsi que les funestes conséquences d'une réglementation intempestive.

Le charbon, c'est le « pain noir de l'industrie », selon l'expression pittoresque qui fut lancée au cours des derniers débats (1), et si l'on tient compte du développement du machinisme, il est impossible de ne pas s'a-

1. *Annales parlementaires de Belgique*. Chambre des Représentants. Session, 1906-1907. — Sénat, session 1907-1908.

larmer des conséquences que pourrait avoir pour l'industrie, l'intervention.

Les machines sont de terribles mangeuses. Au xxe siècle l'approvisionnement d'un pays en combustibles passe au premier plan.

L'alimentation des grandes capitales comme Londres, Berlin, New-York, Paris, dont le « ventre » est devenu légendaire, est quantité négligeable en comparaison de l'appétit vorace de ces ogres de feu qui engloutissent chaque jour tonnes sur tonnes de charbon.

En effet, dès qu'une enquête est ouverte sur une question vitale telle que celle qui nous occupe, de tous les points du territoire, ce sont : les maîtres de forges, les maîtres de verreries, les fabricants de glaces et constructeurs de machines (1) qui accourent déposer à l'enquête. Plus émus que les chefs d'exploitations houillères, eux-mêmes expriment leurs appréhensions :

Le rendement des mines va diminuer, le prix par tonne va hausser, ce sera une perturbation générale dans l'économie nationale, les frais généraux des producteurs vont être augmentés ; leurs calculs sont déjoués, l'exportation devient impossible ; c'est la perte des débouchés péniblement conquis sur le marché du monde, c'est le flot envahisseur des produits étrangers qui, à

---

1. « Enquête Belge » ordonnée par la Chambre des Représentants sur la proposition de M. Neujean. Voir *Compte rendu* édité par le « Comité central du travail industriel ». Bruxelles, 1907-1908.

leur tour prennent possession du marché national ; c'est la ruine sans phrase pour l'industrie.

A l'enchérissement du prix de revient du produit fabriqué, ajoutez celui des frais de transport, soumis à la même influence, la situation s'aggrave encore et à une époque où la concurrence entre nations a pris une allure guerrière, on conçoit qu'un pays réfléchisse mûrement avant de prendre des décisions qui peuvent avoir d'aussi graves conséquences pour son avenir économique.

En présence de semblables éventualités, sans même pouvoir penser aux modestes artisans, employés et ouvriers dont la consommation en charbon, dans leurs humbles fours et cheminées, est peu de chose il est vrai mais dont le budget rigide n'a pas l'élasticité nécessaire pour se plier au surcroît de dépenses déterminé par l'aggravation générale des conditions matérielles de l'existence, il est permis de se demander non seulement ; si la réglementation de la durée du travail dans les mines de Belgique est actuellement opportune mais encore si elle est possible.

A quoi bon en effet prendre des mesures en faveur de l'amélioration du sort de quelques ouvriers, si ces mesures ruinent rapidement l'industrie et faisant perdre aux travailleurs leur gagne-pain n'ont pour résultat que de les réduire à une condition plus triste que celle qu'ils avaient connue auparavant, ne leur laissant au cœur que l'amertume et le regret des chimères évanouies ?

Mais, observe-t-on, toutes les fois qu'une loi réglementant le travail industriel est intervenue, les chefs d'entreprises endormis dans de vieilles méthodes d'exploitation ou dans des procédés de fabrication surannés, sont sortis de leur torpeur, ont perfectionné leurs procédés, réformé leur outillage et après quelques années d'expérience, sont devenus les plus chauds partisans de l'application d'une limitation dont ils avaient précédemment combattu le principe avec la dernière énergie (1).

La réponse s'oppose d'elle-même à cette objection : les conditions d'exploitation des mines de houille ne présentent d'analogie avec aucune autre entreprise industrielle.

Là, le machinisme n'a guère apporté son concours aux travailleurs et aux exploitants.

L'extraction du produit se fait toujours à la main, avec le pic, comme dans les temps antiques, et si le génie humain est parvenu à enfanter la machine, « la hâveuse mécanique », c'est une fille capricieuse dont il est bien difficile d'escompter les services, son emploi n'étant efficace que dans les mines à couches épaisses, présentant un certain degré d'inclinaison et dans lesquelles l'étendue des gisements permet aux exploitants un fort gaspillage de charbon.

---

1. M. Jay. *La Protection légale des Travailleurs*, 1904, p. 142 et 146 à 152. « Angleterre et Suisse ».

Il ne faudrait pas non plus trop hâtivement généraliser et déclarer *a priori* que le machinisme n'a pas accès dans la mine. Si la machine n'est pas, dans ce domaine souterrain, la collaboratrice incessante de l'ouvrier, elle est néanmoins une auxiliaire utile et nécessaire, qui lui épargne des fatigues, améliore les conditions hygiéniques de son travail, et par suite, contribue à augmenter son rendement.

Ce sont des machines qui commandent le mouvement des cages qui ont remplacé les échelles d'autrefois (1) et descendent et remontent sans fatigue le travailleur, ce sont elles qui lui ont permis, en économisant son temps, de voir diminuer la durée du travail, ou augmenter le prix de sa journée (2).

Ce sont aussi des machines qui meuvent les ventilateurs à l'orifice des puits et envoient, parmi l'atmosphère poussiéreuse et grisouteuse, l'air pur des champs, machines aussi celles qui épuisent l'eau ruisselant le long des parois des galeries, menaçant à chaque instant la santé de l'homme couvert de sueur, dîme de son labeur.

Encore que ces services rendus par le machinisme, non négligeables, bien que ne concourant pas directement à la production, soient limités : il serait injuste de

1. Rapport Sabatier, Chambre des Représentants, 30 juillet 1891 : « C'est de 1865 à 1869 que la remonte aux échelles a été supprimée. »

2. Le salaire de l'ouvrier mineur est généralement proportionnel au nombre de bennes de charbon, remplies par lui dans la journée.

nier leur utilité et leurs heureux effets ; mais, tant que la possibilité de la participation effective de « la haveuse mécanique » au travail d'abatage n'est pas assurée, on conçoit les légitimes inquiétudes des exploitants, menacés de voir diminuer la durée du travail. sans remède ni compensation possible.

C'est à ce point de vue que fut étudiée en Belgique la question de l'intervention, il ne fallut donc pas seulement se documenter sur les conditions du travail dans les mines nationales, mais encore examiner comparativement les conditions d'exploitation des mines étrangères ; et alors même que les résultats de l'application de la journée de huit heures dans les mines françaises auraient été connus, quand bien même ces résultats eussent été favorables, il n'en aurait pas moins été nécessaire de rechercher si l'exploitation des mines belges se présentait dans des conditions identiques, si les gisements houillers avaient. au point de vue géologique, les mêmes caractères et permettaient l'emploi des mêmes procédés d'extraction !

La première partie de cette étude sera consacrée à l'examen historique de la réglementation du travail dans les houillères de Belgique et des conditions dans lesquelles s'est présenté le principe de la limitation de la journée des ouvriers adultes.

Dans une seconde partie, nous étudierons l'état de la question d'après les derniers travaux parlementaires.

La troisième partie sera réservée à l'exposé des conséquences éventuelles de la limitation de la journée de travail des ouvriers mineurs.

PREMIÈRE PARTIE

LE TRAVAIL DU PERSONNEL PROTÉGÉ

TITRE I

CHAPITRE UNIQUE

HISTORIQUE DES PARTIS POLITIQUES LIBÉRAUX ET CATHOLIQUES, LEURS LUTTES, LEUR ACTION LES RÉFORMES SOCIALES

La Belgique passe pour un pays profondément conservateur, et dans certains Etats, nombreux sont les « Metternich », effrayés par la vague du socialisme montant, qui déjà se plaisent à considérer ce petit territoire comme le « Rocher de l'Ordre » auquel ils comptent, en cas de crise, demander un refuge éventuel.

Comment, dans ces conditions, s'expliquer qu'immédiatement après la France la Belgique elle-même soit entrée dans la voie de la réglementation du travail de l'adulte, réglementation dont le principe est des plus contestés, puisque son application entraîne nécessairement de graves restrictions à la liberté individuelle ?

Pour peu que nous cherchions à analyser les causes et les mobiles qui ont pu influer sur la direction des esprits de ce pays, nous sommes dans l'obligation de nous livrer à un examen impartial et rapide de la politique des partis qui gravitent autour du pouvoir, ainsi que des premiers actes d'intervention de l'Etat dans le domaine de la protection des travailleurs, actes auxquels les partisans convaincus de la réglementation ont cherché à donner la valeur de précédents.

Quand en 1830 la nation belge se fut soulevée pour secouer le joug despotique de la Maison d'Orange, il était juste que ce parti catholique qui avait tant contribué à l'indépendance occupât le pouvoir.

A cette époque, la haine des anciens maitres était si forte qu'elle ne pouvait qu'engendrer une politique intérieure diamétralement opposée à celle qui avait provoqué la révolution dont était sortie la nation. Mais ce ne pouvait être là que l'impulsion d'un moment ou plutôt d'un « mouvement » et peu de temps devait s'écouler avant qu'une politique foncièrement catholique n'eût à se heurter à la résistance d'esprits modérés, aussi peu disposés à abdiquer leurs idées en faveur de leurs concitoyens qu'ils n'avaient consenti à le faire au profit d'un gouvernement d'étrangers.

Momentanément unis contre la domination hollandaise, libéraux et catholiques ne devaient pas tarder à se diviser, et à la suite de la Révolution, l'histoire intérieure de la Belgique fut celle de la lutte du parti libéral et du parti catholique.

Dès 1840, les libéraux conquirent le pouvoir, ils ne purent s'y maintenir longtemps, bientôt délogés par les catholiques. Les ministères des deux partis gouvernèrent tour à tour, et à l'heure actuelle, malgré l'intervention de facteurs nouveaux et la formation de nouveaux groupements, ce sont encore les catholiques qui dirigent les destinées du pays.

A notre époque de surenchère démagogique le fait est curieux et demande quelques explications : ces explications contribueront à mettre en lumière la situation des partis belges et à faire comprendre comment, dans un pays conservateur, des mesures à tendances nettement socialistes ont pu néanmoins, au sein des Assemblées, rencontrer une majorité.

Malgré les attaques de ses adversaires et peut-être surtout grâce à ces attaques, le parti catholique belge a su être conservateur, tout en se gardant de l'esprit de réaction (1), il doit sa longue existence et son influence encore prépondérante aujourd'hui à son heureuse politique et si, depuis la Révolution de 1830, qui, à proprement parler, ne fut pas une révolution mais bien plutôt une guerre d'indépendance, la Belgique n'a pas traversé de

1. Nous nous plaçons ici exclusivement au point de vue de la politique d'affaires, toute question confessionnelle étant écartée.

crises violentes, elle en est redevable à la sagesse d'un parti qui a compris la nécessité de faire des sacrifices à ses idées et d'évoluer lentement pour épargner au pays les désordres révolutionnaires, préférant réaliser à temps les réformes nécessaires que de les laisser arracher par la force.

Sans étudier en entier l'histoire de la politique intérieure de la Belgique, l'œuvre des catholiques depuis 1884 suffira à éclairer la tactique de ce parti, en même temps qu'elle nous révélera l'importance des concessions faites à l'esprit moderne.

Les élections de 1884 ayant été défavorables aux libéraux, le ministère Orban dut se retirer devant une majorité catholique, c'est cette majorité qui depuis cette époque a gouverné la Belgique sans interruption, excluant jusqu'à nos jours les libéraux du pouvoir.

A son retour aux affaires, la situation était pourtant grosse de difficultés pour le parti catholique et dans la crise que traversait la Belgique, on pouvait alors se demander si ce parti était bien qualifié pour présider aux grandes réformes qui passionnaient le pays.

La question du suffrage universel posée peu auparavant avait déterminé une scission dans le parti libéral et provoqué la chute du cabinet ; en présence des libéraux divisés en « libéraux » et « libéraux-radicaux », ces derniers partisans du suffrage universel, la position des catholiques restait délicate et la route semée d'écueils.

La revision de la constitution de 1831 eut lieu néanmoins et fut le triomphe du parti catholique.

L'article 47 de cette constitution ne donnait le droit de suffrage politique qu'aux citoyens payant le cens déterminé par la loi électorale, lequel, était-il dit, « ne peut excéder 100 florins d'impôts directs, ni être au-dessous de 20 florins » (1).

Le 25 septembre 1893, après onze mois de travaux, le suffrage universel fut adopté par la Belgique, mais tempéré par deux procédés.

« D'un côté, la Belgique n'ouvre l'électorat comme la constitution française de 1791 qu'à l'âge de vingt-cinq ans ; d'autre part elle a introduit le vote plural. Si chaque citoyen âgé de vingt-cinq ans a une voix, beaucoup de citoyens peuvent en avoir plus d'une.

« Le nouvel article 47 de la constitution belge, après avoir attribué un vote à tous les citoyens âgés de vingt-cinq ans accomplis, domiciliés depuis un an au moins dans la même commune, accorde un vote supplémentaire à raison de l'âge de trente-cinq ans et de l'impôt payé, joints à la qualité de père de famille (marié ou veuf ayant enfants), ou à raison de la propriété de certains biens. Il accorde deux votes supplémentaires à raison de la capacité intellectuelle attestée par des justifications qui se rapportent à l'en-

---

1. M. Esmein. *Eléments de Droit constitutionnel*, 4e édition. Paris, 1906, p. 298.

seignement supérieur ou à l'enseignement moyen du degré supérieur.

« Nul cependant ne peut cumuler plus de 3 votes (1) »

En présidant à cette réforme de la constitution le parti catholique a su faire la part du feu qui couvait, et grâce aux concessions accordées à ceux qui jadis étaient totalement exclus du droit de suffrage politique, éviter un suffrage plus largement universel, tel que celui établi en France.

N'est-ce pas là un exemple de grande sagesse et d'intelligence politique ; et en canalisant comme ils l'ont fait la réforme que nous venons de citer, les catholiques belges n'ont-ils pas bien servi leur pays et leur parti ?...

La Belgique, nous venons de l'exposer, avait établi chez elle un suffrage universel fortement endigué, il n'en devait pas moins porter ses fruits, et l'accession au vote de couches nouvelles, qui auparavant étaient restées en dehors de la vie politique, était bien de nature à donner à la direction des affaires intérieures du pays une orientation nouvelle.

La loi du 13 décembre 1889, concernant le travail des femmes, des adolescents et des enfants dans les établissements industriels, vint heureusement compléter et généraliser l'arrêté royal du 28 avril 1884, connu sous le nom de Règlement Sainctelette, œuvre du dernier ministère libéral.

1. M. Esmein, *idem.*

Le règlement Sainctelette spécial aux mines disposait, par son article 69, que l'âge minimum de descente, pour les enfants, était fixé à douze ans pour les garçons et à quatorze ans pour les filles.

La loi de 1889, que nous nous bornons à citer pour le moment, formulait dans l'article 2 l'interdiction d'employer les enfants de moins de douze ans *dans les établissements industriels.*

Le parti catholique, à qui revient l'honneur de ce texte, présenté par M. Devolder, ministre de la Justice, n'est donc pas aussi intransigeant qu'on pourrait le penser et inaccessible à toute idée d'intervention de l'État ; son éclectisme politique semble donc lui donner dans le pays une position très forte, pour ainsi dire inexpugnable.

Néanmoins, en dépit des services rendus et des réformes sagement réalisées, les catholiques au pouvoir ont eu au cours de l'année passée à subir l'assaut des forces coalisées des groupes de gauche, libéraux ou doctrinaires, radicaux ou progressistes et, il faut le dire aussi, d'une fraction dissidente de la droite, dite « jeune droite » ou droite démocratique.

La coalition fut si forte qu'elle renversa le ministère Smet de Nayer, mais ses éléments étaient si composites et si peu aptes à grouper une majorité de gouvernement que le pouvoir resta aux catholiques ; l'attaque avait échoué et les libéraux, qui comptaient ressaisir le pouvoir, réduits à l'impuissance, durent assister à un simple changement de cabinet.

Nous nous proposons, au sujet de l'examen du projet, complétant et modifiant les lois de 1810 et 1837 sur les mines, de voir à l'œuvre les différents groupes et d'étudier la crise politique que nous venons de placer ici à son rang historique.

Avant de clore ce chapitre, il nous semble intéressant de citer quelques lignes de M. A. Béchaux, dans lesquelles il examine, quelle doit être en présence de la situation actuelle des partis, l'attitude des catholiques ; lés conseils qu'il leur donne nous montrent que malgré l'importance et le nombre de leurs adversaires ils peuvent conserver le pouvoir s'ils savent persévérer dans la ligne de conduite qu'ils ont adoptée depuis 1884, et qu'une politique faite de tolérance et de concessions trouvera, aujourd'hui, comme hier, une forte majorité dans toutes les classes du pays.

« On a coutume, en France (1), dans les milieux sociaux, d'opposer aux socialistes belges le parti catholique qui, depuis de longues années qu'il occupe le pouvoir, a réalisé, dans l'intérêt des ouvriers, des réformes multiples et d'un ordre élevé. Mais le parti libéral n'entend pas qu'on l'oublie, il se souvient de son passé, de l'influence qu'il exerça, il compte bien reprendre, quelque jour, les rênes du gouvernement.

---

1. *Réforme sociale*, n° 37, 1er mai 1908, pages 570 et 571.

Instruit par l'expérience, il sait qu'il faut offrir aux électeurs un programme de réformes ; et pour enlever des voix aussi bien aux catholiques qu'aux socialistes il faut donner satisfaction aux revendications ouvrières. Nous avons sous les yeux une brochure où se trouve élaboré le progamme social du parti libéral belge. (*Le Parti libéral et les Réformes sociales*, par A. Devéze, Tournai, 1907.)

« L'auteur y traite du foyer domestique, du salaire, des contrats collectifs, des syndicats, du rôle de l'Etat...

« *Il nous paraît que les catholiques belges n'ont pas à modifier leur plan de réformes sociales*, ils ont jusqu'ici maintenu leurs positions en offrant aux revendications populaires un système de réformes où l'on rencontre la double influence de l'initiative privée et des pouvoirs publics.

« L'Etat demande à l'effort individuel et collectif tout ce que celui-ci peut donner et la loi n'intervient que pour subsidier les initiatives locales et régionales. »

TITRE II

La réglementation de la durée du travail des enfants et des adolescents dans les mines.

CHAPITRE PREMIER

ÉTUDE DE LA LÉGISLATION BELGE ANTÉRIEURE A LA LOI DU 13 DÉCEMBRE 1889

Le chapitre précédent nous a fait connaître, dans ses grandes lignes, l'atmosphère politique du pays : au cours de cet exposé historique nous avons cité deux textes portant réglementation du travail des enfants et des femmes ; nous placerons ici leur étude, ainsi que celle de ceux moins importants qui les ont précédés.

Nous nous trouvons donc logiquement conduits à examiner la durée du travail du personnel protégé, avant celle du travail des adultes qui n'est pas encore réglementée.

L'histoire de la législation minière de la Belgique se divise en deux périodes ; la période française et la période belge.

Jusqu'en 1837, la législation française des mines fut exclusivement appliquée en Belgique, nous aurons donc à rechercher dans la loi du 27 avril 1810 et dans le décret du 3 janvier 1813 les dispositions ayant trait à la réglementation du travail.

§ 1. — La loi du 27 avril 1810
Les décrets des 18 novembre 1810 et 3 janvier 1813

Par les articles 47 et 48, la loi de 1810 pose le principe du contrôle de l'Etat sur l'exploitation des mines.

« Les ingénieurs des mines exerceront, sous les ordres du ministre de l'Intérieur et des préfets une surveillance de police pour la conservation des édifices et la sûreté du sol.

« Ils observeront la manière dont l'exploitation sera faite, soit pour éclairer les propriétaires sur ses inconvénients ou son amélioration, soit pour avertir l'Administration des vices, *abus* ou *dangers* qui s'y trouveraient. »

La circulaire ministérielle du 3 août 1810 dispose que: « L'Administration surveillera tous les Etablissements pour leur porter sans cesse secours et lumière par l'intermédiaire des ingénieurs des mines. »

Le corps impérial des ingénieurs des mines chargés de l'inspection fut organisé par décret du 18 novembre 1810.

Les textes que nous venons de citer posaient le principe du contrôle de l'Etat sur l'exploitation des mines, ce contrôle ne pouvait qu'aboutir à *l'intervention.*

Si en effet des *abus* et des *dangers* (art. 48) sont constatés, il faudra nécessairement y remédier, intervenir, sinon le contrôle demeurerait sans objet. Du contrôle à l intervention, il n'y avait qu'un pas : ce pas fut franchi par le décret du 3 janvier 1813, promulgué à la suite d'accidents survenus dans les mines.

« Par la même voie que la loi de 1810, par une conséquence des principes posés, ce décret mettait le gouvernement en mesure d'apporter sans cesse à la correction des *abus* qui pourraient se glisser dans les exploitations, les remèdes convenables (1). »

Le directeur général des mines, dans sa circulaire du 17 février 1813, ne s'exprimait guère différemment à ce sujet : « Les dispositions du décret, écrivait-il, si elles sont bien exécutées, pourront contribuer à diminuer le nombre des accidents, qui n'arrivent le plus souvent que par la négligence ou l'imprévoyance des ouvriers. »

L'article 29 du décret de 1813 répond à la préoccupation d'éloigner ceux qui par leur imprudence ou même leur inconscience peuvent compromettre non seulement leur propre sécurité, mais encore celle de leurs compagnons de travail, il fixe en conséquence un âge mini-

1. Discours de M. Teste, ministre des Travaux publics. *Moniteur Universel* du 24 décembre 1840.

mum au-dessous duquel il est défendu de laisser descendre ou travailler les enfants dans les mines ; cet âge est fixé à dix ans.

C'est la première disposition restrictive de la liberté du travail que l'on rencontre dans la législation belge (1).

La liberté du travail se trouve restreinte sans doute dans son exercice, mais non dans sa durée, et il est juste à propos de ce texte d'insister sur cette idée qu'il avait moins pour but la protection de l'enfance que celle de l'ensemble des travailleurs dans la mine pour qui l'excessive jeunesse de leurs auxiliaires était considérée comme un danger latent.

On peut donc dire que la question de la durée du travail des enfants a été passée sous silence par le décret de 1813 et que pour remédier à une durée excessive il n'y avait à cette époque que la règle générale de l'article 48 de la loi organique de 1818 donnant mission aux ingénieurs des mines de signaler à l'administration, les abus constatés.

Dans ces conditions les mesures édictées par le décret de 1813 apparaissent comme procédant moins de l'idée interventionniste que du droit pour l'Etat de surveiller l'exploitation de ses richesses minérales et par extension leur personnel (2) ; le titre du décret en fait foi : « Règlement de police souterraine pour l'exploita-

1. *Pandectes belges*. T. 64, an 1900, p. 879.

2. M. Jacquot, *La Réglementation de la Durée du Travail dans les Mines*. Paris, 1903, p. 14.

tion des mines en France » et c'est dans la section II du titre IV : « Dispositions concernant la police du personnel » que se trouve l'article 29 que nous avons cité.

§ 2. — Le règlement général du 28 avril 1884.

Des idées d'un autre ordre, d'un caractère humanitaire plus élevé, devaient bientôt amener l'autorité à prendre des mesures plus rigoureuses encore.

Depuis quelque temps déjà, on commençait à se préoccuper de la suppression du travail des femmes dans les travaux souterrains ; comme mesure transitoire pouvant amener ce but, réellement désirable, la commission élaborant le règlement général de 1884 fixe à 14 ans l'âge au-dessous duquel les jeunes filles ne pourraient être employées au travail souterrain des mines.

D'après l'un des membres de la commission, les jeunes filles, passé l'âge de quatorze ans, ne se décident plus à descendre dans la mine, parce qu'alors se sera naturellement développé l'instinct de coquetterie, qui mettra obstacle au choix de la profession de femme de fosse (1).

En même temps la commission reconnaissant la nécessité de protéger les jeunes garçons qui à dix ans sont trop exposés par leur étourderie enfantine, releva à douze ans le minimum d'âge fixé par le décret de 1813.

La première disposition (2) de l'article 29 du décret

1. Pandectes belges (citées), § 2.227.
2. Pour faciliter la mission de l'inspection, l'article 29 établissait dans

du 3 janvier 1813 fut donc remplacée par l'article 69 du règlement de 1884, ainsi conçu :

« Il est défendu de laisser descendre ou travailler dans les mines des garçons âgés de moins de douze ans et des filles de moins de quatorze ans. »

L'article 68 rappelle qu' « il sera tenu sur chaque exploitation un contrôle journalier des ouvriers qui travaillent à l'intérieur des mines ».

Les bons effets des mesures ainsi prescrites par le règlement Sainctelette ne tardèrent pas à se manifester, et au bout d'un temps relativement court, on put regarder le travail des femmes, comme à peu près supprimé dans plusieurs bassins houillers.

Grâce à l'application de ce texte et de ceux qui suivirent, le gouvernement dans ses réponses aux questions de la section centrale (1), chargée de l'examen de la proposition de la loi sur la durée du travail souterrain dans les mines, déposée le 26 février 1903 par les représentants Destrée et consorts, put répondre que « les dispositions légales avaient eu pour conséquence une diminution progressive et rapide de l'emploi des femmes dont le recrutement avait été rendu pour ainsi dire impossible.

« Au 31 décembre 1902 il n'y avait plus dans les tra-

les dispositions suivantes l'obligation du livret, du registre d'inscription à la mairie et du contrôle exact et journalier du personnel.

1. Les sections centrales belges correspondent aux commissions parlementaires françaises chargées de l'étude des propositions et projets de lois.

vaux souterrains que 84 femmes adultes sur un total de 98.600 ouvriers du fond, soit moins de un millième » (1).

Dans la séance de la Chambre du 20 février 1907, le représentant Helleputte ramenait de 84 à 24 le nombre des femmes employées aux travaux souterrains.

Nous nous contentons pour le moment de citer les chiffres établissant cette diminution, l'examen ultérieur de textes plus récents nous permettra de l'expliquer.

Si dans de nombreux bassins houillers on put constater une rapide désertion des femmes employées aux travaux souterrains, il n'en fut pas de même partout, on dut attribuer ce fait à l'absence, en certaines parties du pays d'industries où les femmes pussent s'employer de façon à subvenir utilement aux charges de leur famille.

Au cours des discussions, au sein de la commission, les membres exploitants de mine s'étaient élevés assez vivement non pas contre les mesures qui leur étaient ainsi imposées, mais contre le caractère exceptionnel de semblables mesures, ne frappant que la seule industrie minière ; celle-ci, selon eux, se trouvait ainsi mise dans des conditions d'infériorité vis-à-vis des autres industries du pays, la population ouvrière devant nécessairement se diriger vers ces dernières au détriment de la première.

1. Documents publiés par le comité central du travail industriel. Annexes au compte rendu de l'enquête sur la durée du travail dans les mines. Bruxelles, 1907, fascicule 2, p. 5.

Leurs « desiderata » sur ce point ont été remplis par la loi du 13 décembre 1889 qui a réglé le travail des femmes, des adolescents et des enfants dans les établissements industriels.

Ce texte, complété par l'arrêté royal du 15 mars 1893, a une importance telle que nous nous trouvons dans la nécessité de réserver à son étude un chapitre spécial : par sa portée générale il correspond à la loi française du 2 novembre 1892.

CHAPITRE II

LA LOI DU 13 DÉCEMBRE 1889
L'ARRÊTÉ ROYAL DU 15 MARS 1893
LE TRAVAIL A DOUBLE POSTE DANS LES MINES DE MARIEMONT

La loi belge du 13 décembre 1889, porte pour titre : « Loi concernant le travail des femmes, des adolescents et des enfants dans les établissements industriels. »

Nous avons précédemment donné connaissance des textes antérieurs spéciaux aux mines ; la nouvelle loi innovait hardiment et plaçait la Belgique au rang des nations les plus précoces par leur législation.

N'oublions pas que par sa date, la loi de 1889 devançait le législateur français, dans ces conditions, il serait injuste, en faisant abstraction de l'ordre chronologique, de vouloir faire, entre les deux pays, un parallèle tout à l'avantage de celui possédant la législation la plus récente, inspirée par les idées les plus modernes ; d'ailleurs, toute comparaison serait pour le moins prématurée avant un exposé succinct de la législation encore en vigueur en Belgique.

La loi de 1889 répondait aux « desiderata » exprimés

par les chefs d'établissements houillers ; nous y trouvons donc, outre les dispositions spéciales aux mines, des dispositions d'une portée générale s'appliquant à toutes les industries (1).

Nous ne pouvons nous dispenser de reproduire rapidement, selon l'ordre de la loi, les dispositions générales, portant réglementation sur l'emploi des femmes, des adolescents et des enfants dans l'industrie (2), nous examinerons ensuite les mesures spéciales prises par le égislateur en faveur du personnel des mines.

La loi débute de la manière suivante :

ARTICLE PREMIER. — Est soumis au régime de la présente loi le travail qui s'exécute :

---

1. « En Belgique les pouvoirs publics se sont pendant la plus grande partie du XIXe siècle, refusés à réglementer le travail. Il en résulte que la commission d'enquête instituée en Belgique, en 1886, pouvait y retrouver des abus qui ne le cèdent guère à ceux qui avaient amené le vote des premières lois anglaises.

« Un grand nombre de femmes sont encore à cette époque, employées dans les travaux intérieurs des mines belges dans de déplorables conditions de santé et de mortalité, le travail se prolongeant treize, quatorze, quinze heures.

« Les enfants sont à l'atelier dès neuf, huit ou même sept ans.

« Un témoin parle devant la commission d'enquête d'enfants de six ans et de cinq ans, employés à décoteler le tabac. Un autre témoin déclare avoir vu des enfants, dont il donne les noms, travailler dès l'âge de dix ans de quinze à dix-huit heures et il ajoute : « On ne sait com- « bien sont morts de ces quinze et dix-huit heures de travail journalier « dans la suffocante poussière de la laine... »

M. Jay. *La protection légale des travailleurs*, p. 30 et 31. Paris, 1904.

2. « La loi ne s'occupe que des adolescents et des filles mineures, elle laisse de côté les ouvriers et les femmes adultes. » M. Jay, à son cours, 1905-1906.

1° Dans les mines, minières, carrières et chantiers ;

2° Dans les usines, manufactures, fabriques ;

3° Dans les établissements classés comme dangereux, insalubres ou incommodes, ainsi que dans ceux où le travail se fait à l'aide de chaudières à vapeur ou de moteurs mécaniques ;

4° Dans les ports, débarcadères, stations ;

5° Dans les transports par terre et par eau.

Les dispositions de la loi s'appliquent aux établissements publics comme aux établissements privés même quand ils ont un caractère d'enseignement professionnel ou de bienfaisance.

L'article 2 formule l'interdiction d'employer des enfants de moins de douze ans.

Cette disposition semble marquer un léger recul sur le règlement Sainctelette qui interdisait l'emploi des filles de moins de quatorze ans *dans les mines*.

Il ne faut pas perdre de vue que ce texte s'applique à tous les établissements industriels et que par suite de la nature différente des diverses industries il y a lieu de considérer le minimum d'âge établi par la loi comme une juste moyenne ; nous verrons ultérieurement les tempéraments apportés à la règle générale, en faveur des jeunes travailleurs, participant aux travaux particulièrement pénibles et dangereux qui font l'objet de notre étude.

Jusqu'ici les dispositions que nous avons citées, si

elles s'appliquent à l'industrie entière, ne font qu'y étendre, en les mitigeant, les premiers textes que nous avons déjà fait connaître concernant les mines.

L'article 4 va plus loin, puisqu'il *limite* la durée du travail et étend à l'adolescence, la protection légale.

Il est bien, en effet, de protéger l'enfant contre un travail prématuré, il est mieux encore de protéger la jeunesse contre les mauvais effets d'un travail excessif ; les mesures tendant à ces différents résultats visent au même but et se complètent mutuellement.

On a pensé que du moment que l'arrivée des jeunes gens dans les établissements industriels était retardée par la législation, il convenait d'opposer une barrière à l'esprit de lucre qui, aux dépens de la santé et du développement des forces vives de la nation, aurait, par tous les moyens, cherché à regagner, au plus vite, le temps perdu pour un travail rémunérateur : à l'égoïsme individuel ou familial s'est opposé l'intérêt majeur de la collectivité représentée par l'Etat, c'est au nom de cet intérêt supérieur que la tutelle nationale s'est étendue à l'adolescence : la loi eut donc pour but non seulement de protéger la jeunesse contre elle-même, mais aussi contre ses protecteurs naturels qui, interprétant mal ses intérêts, auraient pu sacrifier son avenir au prix d'une mise en valeur immédiate.

Inspiré de ces idées, l'article 4 dispose que « les enfants (garçons) de moins de seize ans et les filles et femmes de plus de seize ans et de moins de vingt et un ans ne pourront être employés plus de douze heures, dont une heure et demie consacrée au repos ».

La loi partage ainsi la jeunesse en deux catégories, comprenant les jeunes filles âgées de seize ans jusqu'à leur majorité et les garçons de douze à seize ans (1), elle établit pour l'ensemble de ce personnel un maximum de travail quotidien de douze heures.

Cette limite à la durée du travail est encore élevée et laisse aux chefs d'entreprise une marge assez vaste pour l'emploi du personnel protégé ; aussi, afin d'éviter les abus possibles, sont intervenus les articles 6 et 7.

L'article 7 limite le nombre de jours pendant lesquels le travail des jeunes gens pourra s'exercer par l'introduction du repos hebdomadaire ; le personnel protégé ne pouvant être employé plus de six jours par semaine ; cette disposition abaisse donc de quatre-vingt quatre à soixante-douze heures la durée hebdomadaire du travail.

Autre correctif, l'article 6 prohibe le travail de nuit en décidant que le personnel protégé ne pourra être employé qu'entre cinq heures du matin et neuf heures du soir.

Telle est l'amplitude de la journée légale du travail, c'est dans l'intervalle compris entre ces heures extrêmes que doit se placer le temps de travail des enfants et des jeunes filles.

---

1. Le mot enfant ne peut évidemment avoir ici d'autre sens.

En terminant l'exposé des règles générales s'appliquant à l'ensemble des industries visées par la loi, il nous faut citer une mesure d'un caractère particulier s'appliquant aux femmes, même majeures.

« Les femmes ne peuvent être employées au travail au cours des quatre semaines qui suivent leur accouchement » (art. 5, loi. de 1889).

C'est la seule restriction à la liberté du travailleur adulte que nous rencontrions en Belgique à cette époque. C'est un prolongement des textes destinés à protéger l'enfance et la jeunesse ; en entrant dans cette voie, la Belgique, sans trancher la question de principe de la réglementation du travail de l'adulte, n'a fait que suivre l'exemple qui lui avait été donné par plusieurs nations (1) qui avaient déjà édicté de semblables pres-

---

1. Allemagne. Revision de 1878 du titre VII de la *Gewerbe ordnung* du 21 juin 1869.

Suisse : loi du 23 mars 1877.

Autriche : loi du 8 mars 1885. Espagne : loi du 13 mars 1900.

En France, la Chambre des Députés a voté le 4 novembre 1892 une proposition de MM. Emile Brousse et G. Dron déposée le 7 février 1891 (*Journal Officiel*, 1891, documents parlementaires, annexes 1187-1191) et interdisant aux accouchées : dans les usines, chantiers, manufactures, ateliers, etc., le travail pendant quatre semaines après leur accouchement.

Pendant ce temps les accouchées dans le besoin auront droit à une indemnité de 1 franc par jour

Enfin MM. Lafargue, Ferroul et Jourde ont déposé sur le même sujet une contre-proposition beaucoup plus vaste.

D'après cette proposition le repos devrait s'étendre du quatrième mois de la grossesse jusqu'au douzième mois après l'accouchement. L'indemnité serait de 3 à 6 francs par jour. La loi serait applicable à toutes les fem-

criptions ayant pour but de donner à l'enfant à naître de sérieuses garanties de bonne conformation physique et de santé.

---

mes vivant d'un salaire. (*Journal officiel*, documents parlementaires, Chambre des Députés, 1892, annexe 2369.)

Les nécessités budgétaires ont fait écarter ces propositions. *Répertoire Général du droit français*, t. XXVI, p. 757, col 2.

Tout récemment enfin, le Sénat a examiné une proposition de M. Strauss aux termes de laquelle les femmes employées dans l'industrie ou le commerce, arrivées à la dernière période de leur grossesse, auront droit à un secours sur la production d'un certificat médical constatant qu'elles ne peuvent continuer le travail sans danger pour elles ou pour l'enfant.

Le travail ne peut être repris que quatre semaines après l'accouchement, sur la production d'un certificat médical.

Ce texte ne visait que les femmes employées dans les établissements industriels et commerciaux. M. Guillier en ayant demandé l'extension à toutes les femmes vivant d'un travail rémunéré (domestiques et ouvrières agricoles), le projet amendé fut renvoyé à la commission.

Sénat. *Journal officiel*, 31 octobre 1908, séance du 30 octobre, pages 1045-1052.

Au cours de la même séance, le Sénat a adopté en la modifiant une proposition garantissant leur emploi ou leur travail aux femmes en couches, déjà votée par la Chambre des députés et due à l'initiative de M. Engérand. Voici le texte de cette proposition.

Article unique. — « La suspension du travail par la femme, soit pendant le mois qui précède le terme présumé de sa grossesse, soit pendant le mois qui suit l'accouchement, ne peut être une cause de rupture par l'employeur, du contrat de louage de services et ce à peine de dommages-intérêts, au profit de la partie lésée.

« Toute convention contraire est nulle de plein droit, l'assistance judiciaire sera de droit pour la partie lésée devant la juridiction au premier degré. »

Sénat, séance du 30 octobre 1908.

Journal officiel, 31 octobre, 1908 p. 1052-1055.

Ce texte soumis à la Chambre des députés le 28 novembre, a été adopté par cette assemblée.

Journal officiel, 29 novembre 1908.

Deuxième séance du 28 novembre 1908, p. 2.749 col. 1 et 2.

Si les règles générales que nous venons d'exposer forment les bases fondamentales de la loi, il est juste de faire observer qu'elles s'appliquent, en ce qui concerne le nombre d'heures de travail à toutes les industries, sauf aux mines.

Malgré le tempérament apporté par l'article 7, prescrivant l'observation du repos hebdomadaire (1), une durée de travail de douze heures eût été excessive pour des enfants de douze ans : d'autre part la prohibition du travail avant cinq heures du matin et après neuf heures du soir pour tout le personnel protégé eût été incompatible avec le fonctionnemont d'exploitations minières dans lesquelles le travail est, par sa nature, à peu près continu.

Il était donc indispensable, à côté des règles générales établies par la loi, de formuler des règles spéciales concernant la durée du travail du personnel protégé dans les mines, et fixant les heures entre lesquelles ce travail pourrait s'exercer.

C'est à l'étude de ces prescriptions que nous allons procéder ; nous les trouverons, tant dans la loi de 1889 que dans le décret du 15 mars 1893 réglant, pour les mines l'exécution de cette loi et déterminant les limites de durée du travail journalier, les conditions de repos ainsi que les cas d'admission au travail de nuit ou à celui du septième jour la semaine.

1. Depuis le vote de la loi de 1889, celle du 17 juillet 1905 sur le repos dominical a étendu, aux ouvriers et employés adultes de l'industrie et du commerce, le droit au repos du septième jour.

Les textes réglementant dans les mines le travail du personnel protégé établissent deux catégories :

1° Les enfants de douze à quatorze ans ;

2° Les jeunes gens de quatorze à seize ans et les jeunes filles de seize à vingt et un ans.

Avant d'entrer dans l'étude détaillée des prescriptions différentes adoptées en faveur de ces deux fractions du personnel minier, nous rencontrons une règle d'ordre général : les filles et femmes de moins de vingt et un ans ne peuvent être employées dans les *travaux souterrains* (art. 9 de la loi de 1889).

Cette mesure complète heureusement le règlement Sainctelette que nous avons déjà étudié (1), elle va même beaucoup plus loin puisqu'elle reporte de quatorze à vingt et un ans l'âge de la descente de la femme dans la mine.

Nous avons fait connaître, avec des développements suffisants, les raisons qui avaient fait écarter la prohibition complète du travail souterrain des femmes ; nous avons en même temps cité les chiffres publiés par les personnes les plus autorisées, établissant que passé l'adolescence, la femme ne descend plus dans la mine, si elle n'y a déjà été employée, il est donc inutile d'y insister.

Nous ajouterons seulement que, respectueux des situations acquises, l'article 9 disposait que la mesure qu'il édictait ne serait applicable qu'à partir du 1er jan-

1. V. p. 30 à 32 (ci-dessus).

vier 1892 (1) et que les filles occupées à cette date aux travaux souterrains resteraient en dehors de l'application du texte.

Il était en effet indispensable de respecter les mœurs et coutumes de certaines régions déshéritées, pour les populations desquelles la mine constituait l'unique gagne pain.

Ce n'est pas du jour au lendemain que l'on peut changer de métier, et l'adoption de prescriptions trop radicales aurait abouti à des résultats absolument contraires au but humanitaire que se proposait le législateur.

§ 1. — Travaux souterrains

1° *Travail de jour.* — La première catégorie du personnel protégé comprend les garçons de plus de douze ans et de moins de quatorze ans.

La limite de la durée du travail de ces jeunes gens a été fixée à dix heures et demie pour le travail *de jour* dans les travaux souterrains (décret du 15 mars 1893, art. 2) sans que la durée du travail hebdomadaire puisse excéder soixante-trois heures (loi de 1889. art. 7).

L'article 2 du décret établissait en outre que pour l'année en cours (1893), à titre de transaction, une durée de travail de onze heures serait tolérée, mais que de

1. Soit environ deux années après la promulgation de la loi du 13 décembre 1889.

toute manière la journée de onze heures en 1893 et de dix heures et demie les années suivantes devait comprendre, non seulement le travail effectif mais encore le temps employé par les jeunes travailleurs pour se rendre du carreau de la mine au chantier.

Nous avons déjà vu que l'article 6 de la loi de 1889, d'après lequel le temps de travail du personnel protégé doit se placer entre 5 heures du matin et 9 heures du soir, était inconciliable avec les nécessités de l'industrie minière.

Cet article, en prévision de cas de cette espèce, disposait dans son alinéa 3 que le roi pourrait autoriser l'emploi à partir de 4 heures du matin des garçons de douze ans accomplis.

En conformité de ce texte, l'article 5 du décret de 1893 autorise l'emploi des garçons de douze ans à partir de 4 heures du matin, leur journée avancée d'une heure est limitée à dix heures et demie par l'article 2 et les repos sont fixés au huitième de la journée par l'article 4 du décret.

La seconde catégorie du personnel protégé comprend les adolescents (garçons) de quatorze à seize ans.

L'article 2 fixe pour eux la même durée de travail que pour les garçons de douze à quatorze ans ; nous aurons en outre à examiner, quand nous étudierons le travail de nuit souterrain, dans quelles conditions ils peuvent y être employés.

Il convient, à titre exceptionnel, de rattacher à cette

deuxième catégorie les jeunes filles de moins de vingt et un ans, occupées dans les travaux souterrains des mines avant la promulgation de la loi de 1889 et dont la présence continue à être tolérée par l'article 9 de cette loi.

Malgré leur faible nombre, il importait de protéger ces ouvrières, le décret de 1893 y a pourvu par l'article 3 qui fixe à onze heures la limite de leur journée de travail.

Remarquons en passant que ces jeunes filles sont loin d'être favorisées par le décret. La protection qui leur est accordée, est parcimonieusement mesurée, leurs camarades du sexe masculin âgés de moins de seize ans ne devant travailler que dix heures et demie seulement, c'est-à-dire une demi heure de moins qu'elles.

Etablissant une limite uniforme pour les jeunes ouvrières de moins de vingt et un ans ; sachant d'autre part que les nouvelles recrues se faisaient de plus en plus rares et qu'à partir de quatorze ans les jeunes filles n'avaient plus grand goût pour les travaux souterrains, ce texte a sans doute voulu éviter de léser les intérêts de celles plus nombreuses qui approchaient de la majorité, c'est à cette idée évidemment qu'il faut attribuer la fixation d'un maximum de travail aussi élevé pour les dernières jeunes filles employées aux travaux souterrains ; il n'en est pas moins regrettable que ces ouvrières faibles par leur sexe aient été aussi peu protégées.

L'article 4 du décret prévoit les repos ; il s'applique à

tout le personnel dont nous nous sommes occupés jusqu'ici.

La journée de travail, telle qu'elle est fixée par les textes, doit être coupée par des repos équivalents au huitième de sa durée, soit environ une heure et demie.

Ces repos sont obligatoires, mais n'entrent pas en ligne de compte dans le calcul de la journée de travail, l'entrepreneur reste donc libre d'augmenter la journée de la durée de ces repos.

Toutes ces dispositions concernant les mines ne marquent aucun recul dans la législation du travail de la Belgique comme semblait le faire croire, à première vue, la lecture des textes que nous avons examinés (1).

Si l'enfant peut être employé dès *douze ans* dans *l'industrie* ; la loi de 1889 a eu le mérite d'innover et d'édicter une réglementation générale, là où aucune restriction n'était encore intervenue, et par son article 9 spécial aux mines elle a pour l'avenir confirmé et étendu jusqu'à la majorité la prohibition du travail souterrain des jeunes filles, prohibition qui, dans le règlement Sainctelette, s'arrêtait à quatorze ans.

L'âge minimum de douze ans fixé par le règlement de 1884 pour la descente des garçons dans les travaux souterrains est maintenu par la loi de 1889 ; ce texte complété par le décret de 1893, limite en outre la durée du travail quotidien et du travail hebdoma-

---

1. Voir page 36B ci-dessus.

daire, en tenant compte des diverses phases de la jeunesse ; il réglemente en outre le travail de nuit.

Sans transition, après s'être fait si longtemps attendre, cette législation laisse loin derrière elle l'arbitraire établi par l'article 48 de la loi fondamentale de 1810, d'après lequel les ingénieurs du corps des mines étaient chargés de rechercher et de révéler les *abus ;* l'excès de travail était alors une question d'appréciation, l'inspection maîtresse de l'horaire pouvait le modifier suivant les pays, les exploitations et les occupations.

Un pareil système avait sans doute l'avantage de s'adapter parfaitement aux situations et aux milieux, il n'en présentait pas moins le grand inconvénient de manquer de netteté (1), reproche qui ne peut être encouru par les textes que nous venons d'étudier et qui semblent au contraire critiquables à raison de leur excès de prévoyance et de leur souci du détail.

2° *Travail de nuit.* — Nous avons vu qu'aux termes de l'article 2 les garçons de moins de seize ans occupés aux travaux souterrains de jour peuvent être employés dix heures et demie.

Aux termes de l'alinéa 3 de l'article 6 de la loi de 1889, dont nous avons déjà cité un fragment pour traiter du travail matinal des garçons de douze ans accomplis, le travail de nuit du personnel âgé de plus de quatorze ans peut être autorisé par le roi.

1. M. Jacquot (déjà cité), p. 13.

Les articles 6 et 7 du décret de 1893 nous font connaître les conditions dans lesquelles ce travail de nuit s'exerce. Les garçons de plus de quatorze ans et de moins de seize ans, coupeurs et remblayeurs peuvent être occupés après neuf heures du soir et avant cinq heures du matin.

Leur séjour dans la mine est fixé à dix heures, descente et remonte comprise. les repos sont soumis à l'article 4, déjà étudié à propos du travail de jour.

Sont donc exclus de ces travaux les garçons de douze à quatorze ans, et les jeunes filles de moins de vingt et un ans.

Les textes que nous étudions ne s'occupent pas des femmes majeures, le cas n'étant pas prévu par la loi, on peut donc dire que leur emploi aux travaux souterrains de jour et de nuit est licite.

Nous avons vu que la seule mesure les concernant avait trait à la prohibition de leur emploi au cours des quatre semaines qui suivent leurs couches.

Notons enfin que, parmi les jeunes gens admis aux travaux de nuit, devront seuls être employés les coupeurs et remblayeurs : c'est-à-dire les ouvriers au rocher, spécialistes occupés aux travaux de terrassement destinés à empêcher les éboulements résultant des vides et des affaissements causés par l'abatage.

Ces travaux, par leur nature, ne peuvent être effectués qu'après le départ des hâveurs, appelés encore ouvriers à la veine ; dans l'intérêt de la sécurité et de l'exploitation, il est indispensable, que, sans retard, les consolidations nécessaires soient effectuées afin d'éviter les accidents et afin que le poste d'abatteurs qui viendra au jour prendre possession du chantier puisse immédiatement, dès son arrivée, se livrer à un travail directement productif.

C'est donc principalement à des motifs économiques qu'il faut attribuer l'exception à l'interdiction du travail de nuit des jeunes gens de moins de seize ans, prévue par l'article 6 du décret.

Passons en revue les diverses catégories de travailleurs ne tombant pas sous l'application de la loi, nous verrons ainsi que le personnel de nuit des travaux souterrains peut comprendre : 1° les coupeurs et remblayeurs de plus de quatorze et de moins de seize ans, fournissant un travail de dix heures, soit une demi-heure de moins que les garçons du même âge employés le jour ; 2° les femmes et les hommes adultes, libres de fournir la durée de travail qui leur convient, puisqu'ils ne sont pas compris dans le personnel protégé.

§ 2. — Travaux à la surface

1° *Travail de jour.* — Les garçons de moins de seize ans (douze à seize ans) les filles et femmes de plus de seize ans et de moins de vingt et un ans peuvent être employés dix heures et demie par jour aux travaux de la surface (art. 9 du décret de 1893).

Leur journée devra être coupée par des repos dont la durée totale ne pourra être inférieure à une heure et demie, mais qui pourra être proportionnellement moindre si la durée du travail n'atteint pas dix heures et demie (art. 10 et 11).

Cette disposition, donnant une certaine élasticité aux repos, est d'autant plus heureuse que nous avons déjà vu que leur durée n'entrait pas en ligne de compte dans la journée de travail ; ayant ici substitué à la règle du huitième du temps de travail une quantité fixe, il eût été à craindre que dans les établissements à courte journée, cette durée fixe de une heure et demie ne vint inutilement retarder le moment du départ des ouvriers, c'est ce qu'à voulu prévoir l'article 11 du décret indiquant que le repos d'une heure et demie correspond à une journée de travail de dix heures et demie et autorisant des repos proportionnellement plus courts pour une journée de travail moins longue.

Il est à regretter que le décret ait fixé à dix heures et demie, la limite de la journée de travail des adolescents du sexe masculin participant aux travaux souterrains comme aux travaux à la surface, cette égalité de traitement pour des travaux inégalement pénibles et dangereux nous laisse à penser que la limite de la journée de travail dans les travaux souterrains de jour, aurait pu être fixée plus bas, à neuf et demie ou neuf heures par exemple.

Il convient néanmoins de faire remarquer qu'il ne s'agit là que d'une limite, que d'un maximum et qu'en fait, dans l'organisation du travail sur ses chantiers, le chef d'entreprise est libre de réaliser ce que n'a pas osé consacrer la loi, exiger par exemple le maximum pour les travaux de la surface, réduire au contraire la journée au-dessous du maximum pour les travaux souterrains.

Raisonner sur cette hypothèse, c'est mal connaître les mines ; pour le chef d'entreprise, le travail de la surface n'est qu'accessoire, le travail souterrain au contraire qu'il concoure directement ou non à la production est considéré comme seul productif ; réduire la journée du coupeur ou du remblayeur, c'est atteindre le travail de l'abatteur lui-même, c'est limiter sa puissance d'extraction entravée par les travaux de consolidation, si nécessaires, et inexécutés faute de temps, c'est un arrêt dans la poursuite des travaux d'abatage.

La réduction de la journée des coupeurs et remblayeurs, si l'on veut maintenir la même puissance de production, entraînerait une notable augmentation des frais généraux par suite du personnel supplémentaire dont il faudrait acquérir le concours ; n'oublions pas que ce personnel, bien qu'auxiliaire, est un personnel spécialisé et qu'il est bien plus aisé de recruter le personnel de la surface dont l'instruction est beaucoup plus rapide et facile.

Ceci exposé il nous semble donc que le contraire soit bien plus près de la vérité et que le chef d'entreprise, quitte à opérer spontanément une réduction de la journée de travail, sera bien plus disposé à la consentir en faveur des ouvriers de la surface que des travailleurs souterrains, encore est-il que la facilité du recrutement et de l'instruction de ce personnel de la surface sera peu faite pour le conduire à de pareilles sacrifices bénévoles.

N'oublions pas enfin que le chef d'entreprise est l'adversaire de toute limitation du travail, qu'il considère comme portant atteinte à sa liberté, à l'exercice de son industrie : dans ces conditions, étant donné cette disposition d'esprit, la journée de travail et le maximum légal ne font qu'un et tendent à se confondre.

Le reproche que nous faisons au décret de 1893 nous semble donc fondé, la parité du maximum de durée du travail pour les travaux souterrains et de la surface consacre une inégalité, un manque d'équilibre et d'harmonie dans la protection, puisqu'il s'agit ici, soit dans le sous-sol, soit à la surface, de jeunes gens réunissant les mêmes conditions de sexe et d'âge.

Le décret de 1893, malgré les reproches que nous pouvons lui adresser est néanmoins en sérieux progrès sur la loi de 1889, puisqu'en ce qui concerne les travaux de la surface, analogues et comparables à ceux de toute autre industrie, le maximum légal de travail pour les même catégories du personnel protégé est inférieur d'une heure et demie, au maximun de douze heures établi par l'article 4 de la loi de 1889.

2° *Travail de nuit.* — L'Article 12 du décret de 1893, autorise l'emploi au travail de nuit des jeunes filles de plus de seize ans et de moins de vingt et un ans dans les lampisteries des mines.

On a pensé que le travail de nettoyage, d'entretien et d'allumage des lampes, demandant plus de soin que de force, convenait particulièrement bien à un personnel féminin ; de nombreux exploitants ont même déclaré que les femmes s'acquittaient mieux de ces travaux que les hommes (1).

Les jeunes filles peuvent donc être employées dans les lampisteries entre neuf heures du soir et cinq heures du matin ; l'article 13 en ce qui concerne la durée du travail et des repos, fixe dix heures et demie de travail et une heure et demie de repos comme les articles 9 à 11 que nous avons étudiés, quand nous nous sommes occupés du travail de jour à la surface.

L'égalité de durée du travail de jour et du travail de nuit pour des personnes de même sexe et de même âge ne doit pas nous surprendre, étant donné la nature réellement peu pénible du travail de nuit, limité aux lampisteries.

Le décret de 1893 outre les prescriptions que nous venons d'étudier, renferme en outre quelques dispositions spéciales dont l'application est limitée aux mines de Mariemont.

Dans ces exploitations le travail est organisé à double poste : c'est-à-dire qu'au lieu de faire succéder au poste d'abatage du matin, le poste d'entretien de l'après-

1. Ministère de l'Industrie et du Travail.
Consultation des conseils de l'Industrie et du Travail.
Durée du travail dans les mines. Bruxelles 1907.

midi, l'abatage est confié à deux postes successifs remplacés à leur tour par un seul poste d'entretien.

Par ce système, la journée de vingt-quatre heures se trouve divisée entre trois postes successifs : deux postes d'abatage faisant successivement chacun huit heures, et un poste d'entretien pour terminer.

Il était nécessaire d'assurer aux exploitations de cette nature le concours du personnel protégé dont elles pouvaient avoir besoin ; c'est pourquoi l'arrêté royal du 15 mars 1893 a établi pour les mines de Mariemont le régime que nous allons exposer.

MINES DE MARIEMONT

Article premier. — Le régime ci-après est établi *pour le second poste*.

1° *Travaux souterrains*

Art. 2. — Les adolescents du sexe masculin de plus de quatorze ans et de moins de seize ans, occupés au transport pendant que le second poste d'extraction travaille, pourront être employés après neuf heures du soir jusqu'à minuit, à cette heure prendra fin le travail des adolescents de même âge de l'article 6 du règlement général.

Il s'agit ici non plus seulement du travail de nuit des coupeurs et remblayeurs, mais encore de celui des jeunes ouvriers employés au transport des produits à évacuer, auxiliaires dont le hâveur ne peut se passer, sous peine d'être rapidement encombré par le charbon abattu.

L'arrêté royal a donc autorisé dans les mines de Mariemont le travail de nuit des jeunes hercheurs (également nommés sclauneurs) et a fixé à minuit l'heure limite de leur emploi ; en outre, afin de ne pas créer de situations dissemblables entre ouvriers du même âge, l'arrêté royal a étendu le bénéfice de cette limite aux jeunes coupeurs et remblayeurs, dont l'emploi après neuf heures du soir est rendu licite par l'article 6 du règlement général (1).

Ayant ouvert le travail de nuit à une nouvelle catégorie d'ouvriers et édicté en leur faveur une nouvelle limitation, l'arrêté royal, sous peine d'injustice criante, ne pouvait faire autrement que de réunir sous une même protection, sclauneurs et remblayeurs.

Poursuivant l'assimilation des ouvriers employés au transport avec le personnel dont le travail est réglementé par les articles 6 et 7 du décret de 1893, l'arrêté dans son article 3 fixe également à dix heures le maximum de la durée d'emploi des chercheurs, descente et remonte comprises ; la durée des repos est également du huitième du séjour dans les travaux.

---

1. Voir p. 48 ci-dessus.

2°. — *Travaux à la surface*

L'arrêté royal a autorisé le travail de nuit dans les travaux souterrains d'une nouvelle catégorie de travailleurs, le même arrêté autorise aussi la nuit, à la surface, un nouvel emploi des femmes de plus de seize ans et de moins de vingt et un ans.

Le décret de 1893 n'avait autorisé le travail de nuit des femmes de cet âge que dans les lampisteries seulement, l'arrêté royal se montre plus large et autorise à la surface les travaux rendus nécessaires par l'afflux du charbon sortant des puits.

Les filles et femmes de plus de seize ans et de moins de vingt et un ans occupées à la surface au triage mécanique pendant que le *second poste* travaille peuvent être employées après neuf heures jusqu'à minuit (art. 4).

La durée du travail est fixée à neuf heures, celle des repos à une heure au moins (art. 5).

L'arrêté royal n'a pas assimilé pour la durée du travail les jeunes filles employées aux lampisteries et au triage mécanique du charbon.

Pour les premières la limite, même à Mariemont reste fixée à dix heures et demie : c'est que leur travail est considéré comme moins pénible, moins continu, demandant un effort moins soutenu ; l'heure de la descente et de la remonte passées, le travail dans les lampisteries se résume à peu de chose : le charbon au contraire sort sans cesse de la mine, les bennes se vident à la surface sans interruption, sur les chantiers le travail ne chôme pas.

Dans ces conditions, il n'est pas surprenant qu'en présence de travaux différents, des limites de durée de travail distinctes aient été établies.

Publicité. — Pénalités

Afin de faciliter les constatations des ingénieurs des mines, l'article 6 ordonne l'affichage de l'arrêté, les pénalités sont mentionnées dans l'article 14 de la loi de 1889 qui prévoit une amende de 26 à 100 francs par infraction, sans que le maximum résultant d'une même constatation puisse dépasser 1.000 francs.

En cas de récidive, les amendes sont doublées et le maximum porté à 2.000 francs.

La prescription extinctive est acquise au bout d'un an.

Nous en avons terminé avec l'examen des dispositions légales concernant la protection des jeunes filles, des femmes et des enfants occupés dans les houillères de Belgique,

A la suite de l'étude des textes que nous avons reproduits dans leurs principales dispositions, il peut être intéressant de faire un rapprochement entre l'évolution de la législation belge et de la législation française, et de constater les différences qui existent aujourd'hui entre les lois des deux pays.

La France jouit, sans doute, d'une législation plus avancée, si nous considérons l'époque à laquelle intervient cet exposé ; gardons-nous néanmoins d'oublier que les textes belges marquaient un grand pas dans le domaine de l'intervention et qu'ils ont été tardivement promulgués à la suite d'un long travail d'élaboration, à une date qui aujourd'hui peut légitimement paraître déjà ancienne, dans un passé récent.

Sans nous livrer à un examen véritablement critique des deux législations, nous pouvons tout au moins rapprocher leurs principales prescriptions.

CHAPITRE III

LA LÉGISLATION FRANÇAISE SUR LA DURÉE DU TRAVAIL DES FEMMES, DES ENFANTS ET DES ADOLESCENTS DANS LES MINES

La réglementation générale du travail des femmes, des jeunes filles et des enfants ne constituant qu'une des parties de la question soumise à cette étude, nous ne nous livrerons pas à un examen approfondi de l'œuvre législative concernant la limitation du travail en France.

Si nous avons cité presque toutes les dispositions de la loi fondamentale de 1889, c'est que nous avons pensé qu'il était intéressant de faire connaître, dans ses grandes lignes, un texte qui, dans le pays, innovait profondément en la matière et que nous désirions, en particulier comparer les prescriptions générales de la loi aux mesures particulières édictées en faveur du personnel employé dans les exploitations houillères.

N'ayant pas les mêmes raisons pour faire une semblable étude de la législation française, nous restreindrons ce chapitre à l'examen des différences qui peuvent exister chez les deux nations dans les prescriptions légales relatives au travail minier du personnel protégé.

En étudiant les premiers textes réglementant le travail des mines, nous avons fait connaître leur origine française ; aucun texte nouveau, sur cette matière, n'étant intervenu en France entre le second traité de Paris de 1815 et l'année 1830 ; on peut dire que, jusqu'à cette dernière date qui marque la naissance de l'indépendance belge, les deux nations ont appliqué pendant au moins vingt ans, de 1810 à 1830, une commune et uniforme législation.

Les travaux souterrains des exploitations minières soumis à la surveillance de l'autorité publique par la loi de 1810 et le décret de 1813, restèrent en dehors de l'application de la loi de 1841, le ministre des Travaux Publics au cours de la discussion de ce texte, a affirmé que le droit de police et de surveillance conféré aux pouvoirs publics était suffisant et qu'il n'y avait pas nécessité d'adopter de nouvelles mesures de protection.

L'article 29 du décret de 1813 continua donc à rester le seul texte applicable aux enfants employés dans les mines.

Cet état de choses subsista en France jusqu'à la loi du 19 mai 1874 qui vint réglementer d'une manière générale le travail des enfants et des filles mineures, non seulement dans les manufactures et les usines, mais aussi dans les mines, ou plutôt pour employer le terme même de la loi, dans l'industrie, et interdire le travail des femmes dans les travaux souterrains.

Ce texte a pour l'ensemble de l'industrie et les mines en particulier une portée d'application analogue à celle de la loi belge de 1889 qui n'est pourtant intervenue que quinze ans après la promulgation de la loi française, et au moment où celle-ci allait être abrogée.

§ 1. — La loi du 19 mai 1874 et le décret du 12 mai 1875

C'est dans la section III de la loi du 19 mai 1874, que nous trouvons les règles et les conditions du travail souterrain :

« Les jeunes filles et les femmes ne peuvent être admises dans ces travaux » (art. 7) ; l'âge nécessaire pour l'accès du sous-sol est portée de dix à douze ans pour les garçons : dix années avant le règlement Sainctelette, la législation fixait le même minimum d'âge et devançait de beaucoup la Belgique puisque jusqu'à l'apparition de la loi belge de 1889, le règlement de 1884 tolérait l'emploi des jeunes filles aux travaux souterrains à partir de quatorze ans.

Les conditions spéciales du travail des enfants de douze à seize ans, dans les galeries souterraines, devaient en outre être déterminées par des règlements d'administration publique.

Depuis le décret de 1813, la loi de 1874 est le premier texte qui fixe en France les règles générales relatives aux travaux souterrains, la loi abrogée de 1841 ne s'étant appliquée qu'aux travaux de la surface ; le décret du 11 mai 1875 est venu compléter la nouvelle loi.

Alors que dans les autres industries la durée du travail reste limitée à douze heures par jour, cette limite est abaissée à l'intérieur des mines, à huit heures sur vingt-quatre, coupées par un repos d'une heure au moins.

Le décret de 1875, non content de protéger l'enfance quant à la durée du travail, le protège également quant à son intensité, le travail proprement dit du mineur pouvant lui être pernicieux.

En conséquence, les travaux accessoires, tels que le triage et le chargement du minerai, le roulage des wagonnets, la manœuvre des portes d'aérage, sont seuls autorisés ; encore faut-il dire que les enfants employés à faire tourner les ventilateurs à bras, ne peuvent être occupés plus de quatre heures, coupées par un repos d'une heure au moins ; cette mesure a été nécessitée par la fatigue inséparable de cet ouvrage.

Après avoir effectué sa demi-journée en manœuvrant le ventilateur, l'enfant, par voie de mutation avec un de ses camarades, pourra s'adonner à un nouveau travail parmi ceux autorisés par le décret.

Le temps de travail des enfants employés aux travaux

souterrains, est une durée de travail effectif (1), c'est dire que la limite de huit heures ne comporte aucune déduction et que ni les repos, ni le temps consacré à la descente et à la remonte ne doivent entrer en ligne de compte pour le calcul de la durée de la journée.

Nous avons vu en étudiant la législation belge, que les bases du calcul n'étaient pas les mêmes, puisque si comme dans la loi française de 1884 les repos ne font pas partie du temps du travail, la limitation de la durée de la journée est au contraire calculée du jour au jour, du carreau au carreau, c'est-à-dire de l'entrée dans la mine à la sortie.

Dans son article 5, la loi du 3 juin 1874 interdit le travail les dimanches et jours de fêtes reconnus par l'Etat. Le travail de nuit est interdit par l'article 4 aux enfants de moins de seize ans.

Une mesure d'un caractère particulier et curieux est établie par l'article 9 de la loi de 1874 qui réduit à six heures le maximum de durée de travail des enfants de moins quinze ans qui ne peuvent justifier avoir acquis l'instruction élémentaire.

Cet article est inspiré du système anglais dit du demi-temps, il divise le travail entre l'école et l'atelier,

---

1. La durée du travail effectif des enfants du sexe masculin, de douze à seize ans, dans les galeries souterraines des mines, minières et carrières ne peut excéder huit heures sur vingt-quatre heures coupées par un repos d'une heure au moins. (Décret du 12 mai 1875, art. 1.)

répartissant la journée entre l'instruction et l'apprentissage.

Le système institué par cet article réduisait à six heures de *présence* pour les enfants de moins de quinze ans, les huit heures de travail effectif permises par le règlement de 1875 aux enfants de douze à seize ans employés dans les travaux souterrains.

En nous livrant à l'examen des textes belges, nous avons montré que la loi fondamentale de 1889 était, en raison de son caractère trop restrictif, incompatible avec l'industrie houillère et que la suppression absolue du travail de nuit n'était pas admissible.

Ayant pu apprécier par le résultat de l'application, les imperfections de la loi française de 1874, les Belges ont procédé autrement pour les mines et substitué, comme nous l'avons vu, la limitation du travail de nuit à sa prohibition complète; les critiques qu'avait suscitées la législation française, leur ont permis de faire œuvre à la fois plus pratique et plus durable.

En Belgique, les garçons à partir de douze ans peuvent être occupés dans les travaux souterrains dès 4 h. du matin pendant dix heures et demie ; cette durée de travail comprenant le temps employé à la descente et la remonte.

Le temps nécessité par les voyages dans les cages et dans les galeries est essentiellement variable selon les établissements houillers, la nature des gisements et l'époque depuis laquelle ils sont en exploitation ; ce temps peut varier entre une demi-heure et une heure et demie au maximum : nous pourrons en partant de cette base comparer les législations belge et française.

L'enfant français pourra donner un temps de présence composé de huit heures de travail effectif, une heure de repos ; une heure et demie tout au plus consacrée à la descente et à la remonte : soit au total dix heures et demie.

Son camarade belge pourra, de son côté, fournir dix heures et demie de travail, descente et remonte comprises, auxquelles vient s'ajouter une heure et demie de repos ; soit au total douze heures de présence.

La législation belge contemporaine nous apparaît donc, sous cet aspect, moins protectrice que la loi française de 1874.

Le texte français, il faut encore le faire remarquer, n'autorise que certains travaux et ces travaux, à proprement parler, ne constituent que des ouvrages accessoires, qui par leur nature pourraient aussi bien être pratiqués à la surface qu'au fond de la mine.

La loi belge, au contraire, avec un temps de présence plus long, permet des ouvrages nécessitant un effort soutenu et le maniement des outils qu'emploient les adultes, puisque par le décret de 1893, les travaux de terrassement et de consolidation peuvent être confiés aux garçons de plus de quatorze ans et de moins de seize ans, même pendant la nuit (1).

La loi française de 1874, comme les textes belges de 1889 et de 1893, marquait un réel progrès, sur les mesures édictées par la législation impériale.

En 1810, le but c'était d'assurer la meilleure exploitation des richesses nationales ; en 1874, la France, plus que tout autre pays, après la perte de ses fils morts en défendant son sol, avait le devoir de s'assurer pour l'avenir une armée nombreuse, composée de soldats vigoureux, elle avait à faire des lois de régénération nationale pour se protéger contre la dégénérescence amenée par les travaux industriels.

Le désir de faire bien, de travailler utilement pour le pays était grand, l'œuvre néanmoins fut incomplète, peu efficace et peu durable.

Des principes trop absolus, érigés en dogmes furent appliqués, le travail de nuit entièrement prohibé jusqu'à seize ans, les travaux qui n'ont rien de commun avec ceux du mineur seuls autorisés à l'intérieur des galeries, la protection des garçons qui s'arrête à l'âge de seize ans, les laissant dès leur dix-septième année sans protection aucune, ne connaissant de la mine que sa lourde atmosphère, sans avoir fait l'apprentissage des travaux du mineur ; travaux d'entretien, de démolition ou d'abatage, travaux de consolidation, de terras-

1. Nous avons vu que, dans ce cas, la durée du travail était réduite d'une demi-heure.

sement et de remblayage sont des ouvrages que du jour au lendemain ils peuvent être appelés à effectuer et cela sans préparation, sans apprentissage et sans aucune protection légale.

Le décret de 1875, a placé au point de vue économique les jeunes ouvriers mineurs dans une situation fâcheuse, la méthode de réglementation employée par le législateur manquait de pondération et d'équilibre, elle s'adaptait mal à une industrie qui, dans un but de sécurité nécessite une réglementation rigoureuse c'est certain, mais dont les conditions économiques différentes d'exploitation à exploitation exigent néanmoins plus de latitude et de liberté.

Nous avons vu que la législation belge était moins tutélaire que la législation française, encore que sa protection s'étende plus longtemps aux jeunes filles employées à la surface : dans cette législation un trait est fait pour nous frapper : c'est qu'au lieu de fixer comme le législateur français une durée de *travail* uniforme dans les établissements houillers, le législateur belge ne tient pas compte des différences existant entre les conditions de gisements des diverses exploitations, en laissant à la charge des entrepreneurs le temps nécessité par la descente et la remonte des ouvriers.

Nous avons eu déjà à signaler les deux méthodes différentes adoptées par les législations belge et française pour le calcul de la durée de travail du personnel protégé, nous ne pouvons faire autrement que de faire remarquer que le système dit du « jour au jour » consacré par les textes belges répond plus exactement aux revendications actuelles des ouvriers mineurs ; c'est ce mode de calcul que réclament encore aujourd'hui les travailleurs adultes pour une journée de travail limitée à huit heures par la loi.

La loi du 2 novembre 1892 et le décret du 3 mai 1893

La loi de 1874 prêtait à la critique, ainsi que nous l'avons montré ; la France se devait à elle-même de ne pas rester sur cette législation, incomplète dans son ensemble.

Dès l'année 1892 est intervenu un nouveau texte qui, on peut le dire, marque un réel progrès.

La nouvelle loi, étendant la durée de sa protection, suit l'adolescent jusqu'à l'âge de dix-huit ans.

L'article 1 assimile le travail des mines à celui des autres établissements industriels, l'interdiction du travail des femmes est confirmée par l'article 9 qui laisse à des règlements d'administration publique le soin de s'occuper du travail souterrain des enfants.

Par suite de l'intervention d'une loi plus récente venue compléter ces dispositions, la loi du 29 juin 1905 qui règle le travail des ouvriers employés à l'abatage dans les mines de houille, nous nous trouvons en présence d'une législation assez complexe édictant des mesures variables selon qu'il s'ag't du travail du jour à la surface, du travail souterrain des mines, minières et carrières ou du travail d'abatage dans les mines de combustibles.

La loi de 1892 ne limite à elle seule que le travail des femmes et des jeunes gens de moins de dix-huit ans.

Tant à raison de l'ordre chronologique que de celui adopté pour cette étude nous n'avons donc pas à nous inquiéter pour l'instant de l'effet de la loi de 1900 sur les ouvriers adultes employés dans les mêmes chantiers que le personnel protégé.

Plus absolue que la loi belge de 1889, la loi française de 1892, prohibe formellement, sans aucune exception, l'emploi des femmes dans les travaux souterrains des mines ; elle confie à des règlements d'administration publique le soin de déterminer les conditions spéciales de travail des enfants de treize à dix-huit ans du sexe masculin dans ces mêmes travaux.

Le décret du 3 mai 1893 fut rendu en conformité de l'article 9 de la loi.

Il distingue deux catégories d'enfants selon qu'ils sont âgés de moins ou de plus de seize ans.

Ces deux catégories sont soumises à des règles différentes quant à la durée du travail et quant à sa nature. Les enfants du sexe masculin, de moins de seize ans ne peuvent être employés à un travail effectif de plus de huit heures sur vingt-quatre heures. Les adolescents, c'est-à-dire les jeunes gens de seize à dix-huit ans ne sont pas autorisés à travailler plus de dix heures par jour avec un maximum de cinquante-quatre heures par semaine, soit une moyenne de neuf heures par jour (1).

Comme dans le décret de 1875, il s'agit de travail effectif, c'est-à-dire que le temps de travail ainsi limité ne comprend ni la descente, ni la remonte, pas plus que la durée du trajet du carreau de la mine au chantier, ni que *les repos* qui comme antérieurement doivent au moins atteindre une heure.

M. Jay critique ce système qui selon lui, dans certaines exploitations présente de très graves inconvénients.

L'industriel peut garder les enfants et les adolescents dans la mine d'une façon pour ainsi dire indéfinie. C'est ce qui se produirait par exemple, par l'institution entre les heures de travail effectif de repos de trois à quatre heures ; ce danger a été d'ailleurs également signalé par les ingénieurs des mines chargés du service de l'inspection.

Comme le décret de 1875, celui de 1893 n'autorise pas les véritables travaux du mineur, tels que le maniement du pic, il n'autorise que les travaux accessoires que nous avons déjà énumérés (2).

En ce qui concerne les adolescents de seize à dix-huit ans, le décret de 1893 s'écarte fort heureusement des prescriptions établies par son aîné en faveur des enfants. Ces jeunes gens, outre qu'ils peuvent être

---

1. D'après M. Jay. Son cours, 1905-1906.
2. Décret de 1893, art. 2. Voir le décret de 1875, p. 62 ci-dessus.

employés aux travaux accessoires, pourront également participer aux travaux proprement dits du mineur.

Cette disposition répond aux critiques auxquelles prêtait le décret de 1875, et laisse aux adolescents de seize ans qui seront plus tard des mineurs, la faculté de faire sérieusement et dans des conditions hygiéniques favorables, d'assez bonne heure l'apprentissage de leur métier.

Afin qu'il n'y ait pas abus, le décret stipule que le temps pendant lequel les adolescents pourront être occupés à titre d'aides ou d'apprentis ne pourra pa excéder cinq heures par jour : c'est-à-dire la moitié du maximum fixé par la loi à leur travail quotidien, le reste de leur temps devant être consacré aux travaux ordinaires des enfants, c'est-à-dire aux travaux accessoires.

Le décret de 1893, s'il laisse aux jeunes ouvriers mineurs la latitude de faire leur apprentissage, ne cesse pas moins pour cela de veiller sur eux et de leur accorder sa protection ; il est donc plus complet et plus parfait que son contemporain belge dont la protection s'étend moins longtemps.

Travaux de nuit dans les travaux souterrains. — La loi de 1900 a abrogé l'article 4 de la loi de 1892 qui autorisait exceptionnellement l'emploi des enfants entre quatre heures du matin et dix heures du soir quand le travail devait être réparti entre deux équipes dont chacune ne faisait pas plus de neuf heures avec un repos d'au moins une heure.

Cette exception de la loi de 1892 à la prohibition de l'emploi des enfants ou adolescents au travail de nuit, c'est-à-dire à celui compris entre neuf heures du soir et cinq heures du matin, a été conservée pour les mines, de ce chef la situation du personnel protégé employé dans ces conditions se trouve être moins bonne que dans l'industrie.

Le maintien de cette exception, que nous avons rencontrée également en Belgique (1), se justifie par les conditions particulières d'exploitation de certaines mines.

Là où le charbon est très inflammable, comme dans les mines puissantes du Centre et du Midi, il faut organiser le travail à « double poste » pour pouvoir déhouiller très rapidement. C'est le moyen le plus efficace pour lutter contre les feux qui, néanmoins, à des intervalles très rapprochés, font de nombreuses victimes.

Aussi, dès qu'un poste a terminé le travail, un autre vient, pic en mains, se substituer à lui et réduire le temps pendant lequel les gaz inflammables peuvent se dégager ; toute disposition légale empêchant cette manière de procéder, irait non seulement à l'encontre de la santé des ouvriers qu'on veut protéger, mais aussi diminuerait leur sécurité.

1. Décret belge du 15 mars 1893, articles 6 et 7. Voir en outre arrêté royal spécial aux mines de Mariemont, chapitre II ci-dessus.

C'est ainsi que s'exprima M. Monestier au Sénat français, il ajouta qu'abstraction faite de ces dangers, non négligeables pourtant, c'était le seul moyen d'obtenir le rendement maximum dans les exploitations peu favorisées ainsi que dans celles dont la production, malgré la richesse des gisements, ne pouvait malgré tout suffire à la consommation nationale.

La pratique n'a néanmoins pas donné raison à ces prévisions et l'application de cette disposition fut restreinte en France, comme en Belgique, du reste. Ce système n'est plus guère utilisé aujourd'hui même dans les mines de Blanzy.

Dans un même ordre d'idées, l'article 9 de la loi de 1892 dispose, en outre, que dans les *mines spécialement désignées par des règlements d'administration publique*, le travail des enfants pourra être permis entre quatre heures du matin et minuit, sous la condition expresse que les enfants ne pourront pas être assujettis à plus de huit heures de travail effectif ni à plus de dix heures de présence dans les mines par vingt-quatre heures.

Les enfants peuvent donc être employés entre 4 heures du matin et minuit.

Cet emploi est nécessaire dans les mines du Nord de la France où la faible épaisseur des couches oblige à faire pendant la nuit une partie de ces travaux stériles qu'en langage minier l'on nomme « travaux aux rochers », et qu'afin de mieux faire saisir nous avons vulgairement dénommés travaux de terrassement.

Il faut donc deux postes l'un « coupe à charbon » travaille à l'extraction ; l'autre « coupe à terre, travaux aux rochers » effectue le travail nécessaire au maintien de la galerie.

Le poste à terre succède au poste à charbon et prépare à ce dernier, pendant les premières heures de la nuit, l'ouvrage du lendemain.

Chaque poste employant un certain nombre d'enfants, les conditions hygiéniques se trouvent dans la mesure du possible respectées (1), chaque ouvrier ne passant jamais au travail la nuit entière.

Le paragraphe 3 de l'article 9 a voulu autoriser ce régime, le décret du 3 mai 1893 n'a pas énuméré les mines qui pourraient en faire usage ; les exploitants des mines à couches minces peuvent demander l'autorisation à l'ingénieur en chef des mines, et en cas de refus de ce dernier au ministre.

L'article 3 du décret de 1893 est ainsi conçu :

Les dispositions spéciales prévues par l'article 9 § 3 de la loi du 2 novembre 1892 pourront être appliquées aux exploitations des couches minces de houille dans lesquelles le travail est mené à *double poste* et lorsque le travail de l'un de ces postes consiste à exécuter aux chantiers d'abatage l'enlèvement des roches encaissantes et le remblaiement qui n'ont pu s'effectuer pendant le poste d'extraction. L'exploi-

1. Chambre des Députés, M. Pernolet, 18 juin 1888.

tant qui voudra recourir à ce régime, devra au préalable en avoir donné avis à l'ingénieur des mines, en cas d'opposition de ce dernier, l'exploitant devra obtenir l'autorisation du ministre.

L'application de cette dernière exception a été fort restreinte. On la relève en 1900 dans deux circonscriptions minières seulement : Pas-de-Calais avec 256 enfants ainsi autorisés sur 7.960 employés ; Nord une seule compagnie, les autres y ont renoncé : en 1901 on relève la même Compagnie du Nord et 8 du Pas-de-Calais avec 322 enfants ; en 1904 le système n'est plus employé que dans *une mine* du Nord et dans *trois* du Pas-de-Calais *avec 174 enfants seulement*, l'usage va donc en diminuant.

M. Jay estime que ces règles sont insuffisantes à assurer la protection des enfants, il demande qu'on aille plus loin, que l'on ferme, par exemple, l'accès des galeries souterraines aux enfants de moins de seize ans comme l'a fait la loi espagnole du 13 mars 1900. Cette manière de voir est du reste assez conforme au vœu de la Conférence internationale de Berlin, réunie en 1890. Ce vœu est ainsi conçu :

« Il est désirable que les jeunes ouvriers des deux sexes de quatorze à seize ans ne travaillent, ni la nuit, ni le dimanche, et que des restrictions soient prévues pour les occupations *dangereuses* ou *insalubres*.

Les statistiques anglaises démontrent, à ce sujet, que

les ouvriers de quinze à vingt ans employés dans les mines sont les victimes d'une mortalité plus grande que ceux du même âge occupés dans les autres industries. La mortalité de ces ouvriers étant représentée par 100, celle des ouvriers employés dans les mines est représentée par 148, soit environ un tiers en plus.

La prohibition du travail des enfants de moins de seize ans dans les travaux souterrains, n'aurait aucun mauvais résultat au point de vue industriel. Cette opinion est du reste corroborée par le rapport de l'ingénieur de Chalon-sur-Saône en 1904.

Il est absolument incontestable qu'il y aurait là une réforme très heureuse à réaliser ; quelques mines d'ailleurs l'ont déjà devancée, notamment celle de Blanzy,

En 1904 il y avait encore dans toute la France 6.813 enfants de moins de seize ans employés dans les mines et 7.435 de seize à dix-huit ans.

L'examen des différents textes que nous avons déjà étudiés, ainsi que les critiques que nous avons formulées contre l'arrêt trop prématuré de la protection légale, tendent à établir que cette protection doit évidemment se prolonger mais qu'il serait presque souhaitable qu'elle prît, dans l'industrie qui nous occupe son origine à l'âge de seize ans, pour accompagner, dans sa croissance, l'apprenti mineur à qui les travaux souterrains auraient été interdits au-dessous de cet âge.

La loi de 1905, en établissant pour les ouvriers adultes la journée de huit heures, prend sous sa protection les adolescents de seize à dix-huit ans qui peuvent être admis à l'abatage ; rapidement ces ouvriers arriveront à voir leur journée réduite à huit heures.

Ce dernier texte ne concerne pas, au contraire, les enfants de moins de seize ans, pour lesquels la durée du séjour dans la mine n'est pas limitée par le décret de 1893 qui ne vise que la durée du travail effectif ; nous avons déjà indiqué comment la multiplication et la prolongation des repos permettent aux chefs d'entreprises d'atténuer les heureux effets pour l'ouvrier de la limitation du travail effectif à huit heures, en retenant ce dernier dans la mine pendant un temps pour ainsi dire indéfini (1).

La durée du séjour se trouvant ainsi abandonnée à la discrétion et à l'arbitraire des chefs d'entreprises, il serait nécessaire de combler cette lacune.

Malgré ces critiques, la loi de 1892 et le décret de 1893 établissent une protection plus efficace que la loi belge de 1889 et le décret de 1893.

Le Français de moins de seize ans donnera huit heures de travail effectif comme à la suite de la loi de 1874 : si les repos ne sont pas abusifs, la durée de son séjour maximum (descente et remonte comprises) sera de dix heures et demie : nous avons déjà dit que le jeune Belge appartenant à la même catégorie du personnel protégé fournissait un temps de présence de douze heures com-

1. Voir p. 70 ci-dessus.

prenant le temps consacré au travail, aux repos, à la descente et à la remonte.

La loi de 1874 avait eu le défaut de mal protéger l'adolescent qu'elle abandonnait dès seize ans ; à partir de cet âge, sans préparation ni transition, il devenait libre de travailler la nuit et de participer aux travaux proprement dits du mineur.

L'industrie minière, d'autre part, avait été sérieusement gênée par les prescriptions trop absolues de la législation de 1874.

La loi de 1892 et le décret de 1893 ont porté remède à cette situation, en édictant des mesures mieux en harmonie avec les conditions spéciales de travail des exploitations houillères.

Le jeune homme de seize à dix-huit ans accomplit dix heures de travail ; pendant cinq heures, il peut s'exercer aux travaux proprement dits du mineur, se livrer à l'abatage ; s'il participe aux travaux qui se prolongent au cours de la nuit jusqu'à minuit, ou commencent dès quatre heures du matin, sa journée se trouve réduite à neuf heures.

En Belgique l'enfant, dès douze ans, peut être employé aux travaux souterrains des mines à partir de quatre heures du matin, pendant dix heures et demie de quatorze à seize ans, il peut être occupé pendant dix heures aux travaux du rocher, après neuf heures du soir et avant cinq heures du matin.

Temps de travail plus court, sans doute, puisqu'il

comprend la durée de la descente et de la remonte, proportionnellement plus long néanmoins, puisqu'il s'agit de travailleurs plus jeunes.

De quatre heures du matin à minuit, dans les mines spécialement désignées, les enfants français, lorsque le travail est mené à double poste, peuvent être employés pendant huit heures ; la durée de présence dans la mine ne pouvant excéder dix heures. Nous nous rapprochons ici du système belge fixant le temps de travail, descente et remonte comprises, tel qu'il est par exemple usité à Mariemont.

N'oublions pas qu'il s'agit, en Belgique, d'ouvriers dont le travail, limitativement désigné. consiste uniquement dans le transport des wagonnets et que ce personnel est âgé d'au moins quatorze ans.

§ 3. — La loi du 30 mars 1900

Avant de terminer l'examen de la législation française, il nous faut revenir sur la loi du 30 mars 1900.

Ce texte, nous l'avons déjà constaté a apporté quelques modifications au régime de la loi de 1892 (1) ; il a en outre modifié le décret de 1848 en le rendant partiellement applicable aux mines.

Aux termes de la loi de 1300, les hommes adultes occupés dans les mêmes locaux et en même temps que

1. Voir p. 71 et 72 ci-dessus.

les personnes protégées ne peuvent pas travailler plus longtemps que ces dernières (1) ; en fait la loi de 1900 a limité à douze heures la durée du travail effectif des ouvriers occupés dans les établissements et dans les mines où travaillent des enfants.

En réalité, la loi du 30 mars 1900 n'eut guère d'effet dans les mines, en ce qui concerne tout au moins les travaux du fond. Depuis longtemps déjà la durée du travail effectif des ouvriers mineurs n'atteignait plus dix heures. Au surplus, il aurait suffi pour éluder la loi d'exclure les enfants de certains quartiers de la mine (2).

En ce qui concernait les travaux de la surface des mines, analogues à ceux de toute autre industrie, les prescriptions de la loi de 1900 ont pu s'appliquer, sans grandes difficultés, sur un même chantier au personnel protégé et aux adultes.

Il n'en a pas été de même pour les travaux du fond, dont tous les services sont intimement liés entre eux ; la question s'est alors posée de savoir ce qu'il fallait entendre par « mêmes locaux ».

Dans une lettre du 28 mars 1902 à l'inspecteur en chef des mines à Arras (3), le ministre du Commerce et

---

1. La règle de la simultanéité des repos n'est pas applicable dans les mines (§ 3 de l'art. 3 de la loi de 1892 modifiée par la loi de 1900).

2. Rapport de M. Delmer sur la « Durée du Travail dans les Mines ». Pays étrangers : France, p. 78. — Bruxelles, 1908.

3. *Bulletin de l'Inspection du Travail*, p. 105, 1903. Circulaire, n° 2578 du Comité central des houillères de France, 18 novembre 1903.

de l'Industrie, après avoir consulté la commission supérieure du travail, a fait savoir qu'il fallait appliquer la loi à tout service distinct, sans tenir compte de ses relations plus ou moins étroites avec les autres services de la mine.

On peut donc, d'après cette lettre, entendre par « mêmes locaux » :

1° L'abattage au chantier, à la taille avec le roulage qui lui est intimement et exclusivement lié dans la galerie à ce spécialisée ;

2° Le service général du roulage qui prend les bennes à la sortie de chaque voie de taille pour les mener au puits d'extraction ;

3° Le service de ce puits en y comprenant les manutentions pour l'accrochage et la réception au fond et au jour.

Nous avons réduit, autant que nous l'avons pu, ce fragment de notre étude concernant la législation française, malgré tout en raison de l'importance et du nombre des lois, nous avons été contraints, sous peine d'être incomplets, de nous laisser aller à quelques développements.

La Belgique, nous l'avons vu, ne possède qu'un seul texte sur la question ; la France depuis 1830 a légiféré à trois reprises, sans parler de la loi de 1905 qui a une portée spéciale et limitée ; dans ces conditions, il n'est donc pas étonnant qu'une œuvre plus complète par ses différents éléments, nous ait retenus plus longtemps.

DEUXIÈME PARTIE

LA RÉGLEMENTATION DU TRAVAIL DES ADULTES DANS LES MINES DE COMBUSTIBLES

CHAPITRE PREMIER

LES BELGES ET LA RÉGLEMENTATION.
L'EXEMPLE DE LA PRUSSE, DE LA FRANCE, DE L'AUTRICHE ET DE L'ANGLETERRE

Dans la première partie de cette étude, nous avons exposé l'état de la législation belge comparé à celui de la législation française.

Nous avons fait connaître les mesures prises en faveur des adolescents, des femmes et des enfants, nous avons justifié la modération de ces mesures par la date à laquelle elles sont intervenues ainsi que par l'absence de précédents dans le pays.

Dans leur œuvre législative, les Belges ont été avant tout dirigés par l'idée de la préservation de la race ; ils ont dû penser également à la situation misérable de ces familles, pour qui l'appoint du salaire de l'enfant et de la femme, est si souvent nécessaire.

La question que nous étudions est peu facile à résoudre, et cette voie de la réglementation est semée d'écueils ; permettre qu'on impose aux enfants un travail meurtrier ou leur arracher le pain qui les nourrit, le dilemne, dans son alternative, est cruel et décevant pour tous ceux qui songent à améliorer le sort des plus faibles parmi les travailleurs.

Restreindre les conditions d'emploi des enfants, c'est en outre compromettre le recrutement futur du personnel ; aussi est-il difficile d'interdire aux adolescents toute participation aux travaux proprement dits du mineur : nous avons signalé les défauts de la loi française de 1874 et du décret de 1875 ; textes mal adaptés aux conditions du travail des mines, nous n'y reviendrons pas.

La dernière législation belge, à l'époque à laquelle elle est intervenue, a eu le mérite de concilier dans une juste mesure les sentiments d'humanité ordonnant la protection des jeunes ou faibles travailleurs et les intérêts de l'industrie minière qui exigent le recrutement assuré du personnel.

Les Belges ont donc moins basé le principe nouveau d'intervention sur des considérations purement humanitaires que sur le droit supérieur de police de l'Etat.

Pour dissiper tout doute sur ce point, M. Van Cleempulle, rapporteur de la loi de 1889, avait même proposé de modifier le texte de l'intitulé du projet déposé par le gouvernement, aux termes « *réglementation* du travail des enfants et des femmes » — la section centrale avait demandé de substituer ceux-ci : Mesures concernant le travail excessif des enfants, des adolescents et des femmes, ainsi que leur emploi à *des travaux excédant leurs forces ou* dangereux— et le rapporteur avait légitimé cette modification de la manière suivante :

« En vérité, on *ne réglemente pas* le travail des enfants et des femmes ; on se borne à prendre, dans un intérêt social, certaines mesures tout à la fois de protection et de police. Les mots *réglementation du travail* heurtent nos idées *et le sens national ;* réglementer le travail paraîtrait empiéter sur la liberté individuelle, sur l'autorité paternelle, sur l'autorité tutélaire.

D'après ces principes ce serait donc, comme mesure de protection et de police que la loi pourrait limiter le nombre d'heures de travail dans les charbonnages.

C'est, du reste, le point de vue auquel s'est placé la conférence de Berlin, ainsi que le prouve le texte de la résolution qui fut prise après une discussion approfondie.

« Il est désirable que dans les cas où l'art des mines ne suffirait pas pour éloigner tous les dangers d'insalubrité provenant des conditions naturelles ou accidentelles de l'exploitation de certaines mines ou de certains chantiers de la mine, la durée du travail soit restreinte. »

Des mesures de ce genre ne sont légitimes, nul ne le contestera, que si elles sont compatibles avec les nécessités industrielles. Celles-ci, en effet, ne peuvent être méconnues, car ce serait aller à l'encontre de l'intérêt même des ouvriers que l'on entend sauvegarder, que de porter un trouble suffisant dans l'industrie qui les emploie et les fait vivre, pour rendre cette industrie périclitante au point qu'elle n'aurait plus besoin des bras s'offrant à elle (1).

Nous venons de voir combien il était difficile en 1889 de faire, en Belgique, œuvre de réglementation dans le sens brutal du mot, c'est pourquoi le rapporteur Van Cleemputte dut employer une périphrase afin de justifier le principe qui a commandé les mesures décidées, ainsi que ces mesures elles-mêmes.

Le vœu conditionnel de la conférence de Berlin ouvrait une porte plus large au principe d'intervention, puisqu'il faisait appel, sans distinction de sexe ni d'âge, à la réduction de la durée du travail pour remédier aux dangers d'insalubrité que n'avaient encore pu écarter les progrès réalisés dans l'aménagement des exploitations.

Ce vœu a été entendu, il fut le point de départ d'une législation nouvelle dans quelques grands Etats.

Dans l'Empire germanique les pays producteurs de charbon, rangés par ordre d'importance sont : (2)

	Millions de tonnes de charbon en 1907
La Prusse............	134,3
La Saxe............	5,2
L'Alsace-Lorraine.....	2,2
La Bavière...........	1,5

1. Rapport de M. Sabatier sur la limitation du travail dans les mines. Chambre des Représentants, 30 juillet 1891. Document parlementaire, n° 238.

2. Rapport de M. Delmor sur la durée du travail dans les mines, pay

Les conditions du travail des ouvriers, de même que la législation, varient d'un Etat à l'autre, l'importance de la production prussienne nous autorise à nous arrêter quelque peu sur l'œuvre législative de cet Etat.

Par application de la loi sur les mines du 24 juin 1865 (art. 197), des mesures exceptionnelles ont été prévues, et précisées lors de la modification de cette loi en 1892, pour celles des exploitations où une durée excessive de travail nuirait à la santé des ouvriers (1).

En exécution de cet article 197, le service des mines des divers districts a rendu des arrêtés prescrivant la limitation du travail à six heures, dans ceux des chantiers où la température atteint ou dépasse 29 ou 30 degrés centigrades.

Le 11 juillet 1905 la loi de 1865 fut à nouveau modifiée de la manière suivante (2) :

L'article 80 *b* 1 limite à six heures la durée du travail dans les chantiers où la température dépasse 28 degrés centigrades, tout travail supplémentaire, sauf le cas de force majeure excepté, est interdit.

étrangers, mesures législatives et données statistiques. Prusse, p. 8. Bruxelles, 1908.

1. Documents sur la durée du travail dans les mines. Réponses du gouvernement aux questions posées par la section centrale. (Proposition Destrée). Fascicule II, p. 50. — Comité central du travail industriel, Bruxelles, 1907.

2. Voir rapport de M. Delmer sur la durée du travail dans les mines. Pays étrangers (mesures législatives). Prusse, p. 1 à 12. Bruxelles, 1908.

La loi prussienne ne limite la durée du travail des mines que dans les cas exceptionnels où la température ordinaire des chantiers dépasse 28 degrés pour les exploitations qui ne tombent pas sous l'application de l'article 80 *b* 1.

La durée du travail est inscrite dans un règlement d'atelier, élaboré par le chef de l'entreprise, porté à la connaissance des ouvriers et soumis à l'approbation de l'administration des mines ; cette durée du travail est généralement inférieure à huit heures.

Voici du reste le libellé exact de la loi :

Le règlement d'atelier édictera des mesures en ce qui concerne le commencement et la fin de la journée normale de travail, le nombre et la durée des repos éventuels des ouvriers adultes. On y indiquera dans quelles conditions et dans quelle mesure les ouvriers sont obligés de prolonger la durée normale du travail (Ueberschicht) et d'effectuer des journées supplémentaires (Nebenschicht).

Il ne s'agit pas ici du travail supplémentaire qui aurait pour but d'écarter un danger ou qui répondrait à une nécessité ; la descente, la remonte et le contrôle de la présence des ouvriers à l'intérieur de la mine, seront organisés par les dispositions du règlement d'atelier (80 *b*).

La durée du travail des ouvriers occupés à l'intérieur des mines de charbon, doit être conforme aux prescriptions des articles 93, *b*. *c*. et *c*.

Les autorités minières (Bergbehöre) conservent le pouvoir qui leur est conféré par les articles 196 à 199, d'imposer en cette matière de nouvelles prescriptions renforçant celles de la loi (93 *a*).

La durée normale du travail ne peut pas être prolongée pour certains ouvriers pris individuellement de plus d'une demi-heure, par suite de la durée de la translation du personnnel dans les puits (93 *b*).

En fait, comme légalement, la journée du travail se trouve limitée à huit heures et demie dans les mines de toutes les provinces de la Prusse, sauf dans la Haute-Silésie où une durée de dix heures et demie est encore pratiquée.

Il faut ajouter que les règlements types du charbonnage de « Seegen Gottes Grube » à Altwasser (Basse-Silésie) et des mines de l'Etat à Saarbruck et à Königshütte prévoient le travail supplémentaire pour raisons économiques.

Ce travail supplémentaire a lieu deux fois par semaine au maximum, sa durée peut atteindre jusqu'à quatre heures, mais elle est plus généralement limitée à deux heures seulement.

« L'effet de la loi, écrit M. Delmer (1), a été de réduire dans beaucoup de charbonnages la durée de la journée de travail. Allonger la durée du travail inscrite au règlement d'atelier est formellement interdit ;

1. Voir son rapport déjà cité, p. 8 et 10.

pareille mesure n'aurait pour but que d'éluder la loi, la durée du travail est donc légalement limitée, mais pas uniformément. la loi ne fait que consacrer un état de choses existant.

« La durée normale du travail est celle que fournissent les ouvriers mineurs proprement dits ; c'est-à-dire la grande majorité des ouvriers occupés à l'intérieur des travaux.

« Telle que la définit la loi, la durée normale du travail est donc, d'après les statistiques actuelles de huit heures dans toutes les provinces de la Prusse, sauf dans la Haute-Silésie où cette durée est généralement de dix heures. »

La législation prussienne témoigne avant tout du désir de respecter la liberté des parties.

Les seules restrictions à cette liberté sont motivées par les conditions particulièrement pénibles et dangereuses du travail de certaines exploitations minières (1). La réglementation par la loi du travail des adultes n'existe donc pas en dehors des cas exceptionnels que nous avons fait connaitre, à ce point de vue la question de principe reste entière et cette législation n'est que le prolongement de la protection accordée aux

---

1. En Hollande, un arrêté royal du 22 septembre 1906, rendu en conformité de l'article 9 de la loi du 27 avril 1904, prescrit des mesures analogues à celles prévues par la loi prussienne, lorsque la température vient à dépasser 30 degrés centigrades.

Rapport de M. Delmer déjà cité. *Pays Etrangers. — Pays-Bas*, p. 71.

adolescents, aux femmes et aux enfants ; on conçoit que l'adulte lui-même, dans certaines conditions défavorables de milieu, se trouve en état d'infériorité, de faiblesse vis-à-vis de la nature et que la loi vienne par son appoint rétablir l'équilibre rompu à son détriment, en lui permettant d'effectuer son travail sans plus de peine ni de fatigues que ses semblables plus favorisés.

Si, selon nous, la législation prussienne ne constitue que le prolongement de la protection accordée aux travailleurs se trouvant dans un certain état de faiblesse physique, soit par leur sexe ou leur âge, soit par suite des conditions de milieu ; d'autres qui se placent à un point de vue différent, y voient une transition entre la protection et la réglementation.

Prolongement de la protection ou véritable réglementation attentatoire à la liberté, nous avons vu que M. Van Cleemputte n'admet des mesures de ce genre quelle que soit la qualification qu'on leur donne, que sous réserve seulement : elles ne peuvent être légitimes que si elles sont compatibles avec les nécessités industrielles.

C'est là qu'est le nœud de la réglementation du travail des adultes, partout en général et particulièrement en Belgique.

Envisagée au point de vue économique ou au point de vue politique, la question du principe de la réglementation devait nécessairement rencontrer dans ce pays de nombreux et passionnés adversaires ; qu'elle ait même pu se poser, cela n'a pas laissé de surprendre et d'étonner de puissants voisins qui, tout en considérant la Belgique avec le respect dû à une nation active et industrielle, s'accoutumaient plus à la voir suivre l'impulsion et l'exemple donnés qu'à se mettre elle-même à la tête du mouvement des idées, et à assister aux expériences en spectatrice intéressée, plus qu'à les tenter elle-même et à en courir les chances et les risques.

La France avait adopté en 1905, le principe de la réglementation du travail des adultes, nous avons dit que les résultats ne pouvaient encore à l'heure actuelle être appréciés (1).

Une diminution de production de 5 0/0 fut constatée en 1906, mais elle ne peut être considérée comme la conséquence de l'application de la loi.

Cette diminution s'est fait sentir dans le bassin du Nord, là où la loi n'avait pour ainsi dire pas modifié la situation préexistante. Les causes de diminution de l'extraction sont connues ; elles sont imputables à la catastrophe de Courrières et à la grève du Nord (2).

La loi du 29 juin 1905 limite par périodes successi-

———

1. Voir lettre du ministre des Travaux publics. Note 1, page 7 ci-dessus.

2. Rapport de M. Delmer sur la durée du travail dans les mines, pays étrangers, France, p. 115. Bruxelles 1908.

ves, de deux ans en deux ans, à neuf heures, huit heures et demie et huit heures, la journée d'une catégorie spéciale d'ouvriers employés au fond dans les mines de houille.

Soulevée par M. Basly, — ancien ouvrier aux mines de houille d'Anzin, député du département houiller le plus important de France, — la question de la limitation de la durée du travail des ouvriers mineurs, ne s'est trouvée posée par lui que pour les mines de houille. A aucun moment de la discussion, il n'a été question d'étendre la loi aux ouvriers des autres mines ou des carrières souterraines, malgré l'analogie des situations (1).

Mis en présence des catégories nombreuses d'ouvriers qui dans une grande exploitation houillère, concourent à la production, le législateur n'a pas hésité à reconnaître qu'il ne pouvait y avoir que de bien faibles arguments de nature à expliquer l'extension de ce régime limitatif spécial, aux ouvriers de la surface et même à la plupart des ouvriers qui, pour travailler sous terre, n'ont ni plus de fatigues, ni plus de difficultés que leurs collègues du jour. Il a reconnu d'autre part que, par suite de l'enchaînement qui lie toutes les phases du travail dans le fond d'une mine, la limitation apportée au travail des ouvriers à l'abatage entraînerait

1. *Revue de Législation des Mines*, mai-juin 1907. Commentaire de la loi de 1905, par Grüner, p. 140 et suivantes.

nécessairement une limitation consécutive de la journée pour tous les ouvriers des postes annexes.

C'est ainsi que le législateur a été amené à ne s'occuper que « des ouvriers employés à l'abatage, dans les travaux souterrains, des mines de combustibles » (art. 1er).

Si pour une usine ou un chantier, il est facile par une cloche ou une sirène d'avertir, au même instant, tout le personnel pour qu'en quelques minutes il puisse sortir des ateliers et se diriger vers la rue par une grande porte ouverte à deux battants, tout autre est la situation dans une mine aux galeries sinueuses et étroites s'étendant sur plusieurs kilomètres de longueur, et aux chantiers échelonnés suivant la pente des couches aux niveaux les plus divers ; alors surtout que pour y accéder il faut recourir à une machine d'extraction qui ne peut monter ou descendre que douze à trente hommes au plus par cordée, c'est-à-dire toutes les deux à cinq minutes.

Ce régime tout spécial devait être pris en considération par la loi qui s'est contentée de fixer le temps qui doit s'écouler « depuis l'entrée dans le puits des derniers ouvriers descendant jusqu'à l'arrivée au jour des premiers ouvriers remontant » (art 1er).

Dans chaque houillère, suivant la puissance de l'installation mécanique et le nombre des ouvriers, le laps de temps consacré à la descente et à la remonte du personnel protégé sera plus ou moins long. C'est là un détail dont le législateur ne pouvait s'occuper en raison des circonstances locales diverses qu'il ne serait le plus souvent possible de modifier qu'au prix de dépenses excessives et dans un temps très long.

Il est une autre circonstance, dépendant de vieilles habitudes locales, dont le législateur devait nécessairement tenir compte : nous voulons parler du temps consacré par l'ouvrier à manger les provisions qu'il a apportées du jour ou qu'à heure fixe lui envoie sa ménagère : ailleurs dans le Midi, par exemple, l'ouvrier ne consentirait pas à reprendre son travail sans faire un somme d'une heure et quelquefois plus.

Dans l'impossibilité d'uniformiser ces habitudes locales, le législateur a dû se contenter de dire « la durée de présence fixée à l'article 1er sera augmentée de la durée des repos » (art. 2).

Les houillères françaises se trouvent ainsi placées par la loi sous un régime qui n'a encore été adopté par aucun pays étranger : pratiquement, en limitant à huit heures la durée pendant laquelle cesse le mouvement de va-et-vient dans le puits et peut sans interruption se faire le service de montée de charbon, le législateur français n'a guère fait que sanctionner ce qui existe en *temps normal* dans la plupart des pays miniers de France et de l'Etranger.

Nous disons en « temps normal » car des circonstances diverses peuvent et doivent dans les mines où le travail est soumis à tant d'aléas, entraîner d'importantes

variations dans la durée du trait et par suite de la présence au fond de l'ouvrier.

C'est ce que le législateur a reconnu et sanctionné en prévoyant aux articles 3 et 4 diverses dérogations, les unes permanentes ou tout au moins de longue durée (article 3) à accorder à certaines mines qu'on a caractérisées au cours d'enquêtes sous le nom de « houillères malades » qui luttent péniblement contre une situation économique difficile, soit que le gisement soit pauvre et irrégulier, soit que le combustible se trouve être de mauvaise qualité, soit que les centres importants de consommation soient lointains et coûteux à atteindre, soit que les combustibles étrangers puissent à bas prix, par voie d'eau ou grâce à certaines combinaisons de tarifs, venir concurrencer ces mines.

Il était indispensable de ne pas priver de tout travail ces groupes ouvriers sous prétexte d'alléger leur labeur.

D'autres dérogations temporaires, mais renouvelables, (art. 4) doivent répondre à des circonstances passagères mais souvent de toute urgence. Ici la sécurité de la mine est en jeu ; on peut craindre un incendie souterrain ou un éboulement ; là c'est la sécurité du personnel qu'il faut sauvegarder.

Il est aussi des circonstances où l'augmentation momentanée de la production est une nécessité ; pour la défense nationale, pour l'alimentation de telles ou telles industries qui ont un surcroit momentané d'activité et de besoins (ce sont « les circonstances occasionnelles »).

Il est aussi des habitudes locales auxquelles les ouvriers les plus partisans de la limitation la plus limitative du travail tiennent essentiellement ; avant la fête de sainte Barbe, la patronne des mineurs, ou avant la fête locale, ils veulent par un effort supplémentaire gagner une quinzaine exceptionnelle, c'est là le maintien des « usages locaux » qu'a prévu le législateur.

Cette loi est complétée par trois articles, qui chargent les ingénieurs et contrôleurs des mines de veiller à l'application du nouveau texte et qui établissent des pénalités importantes particulièrement en cas de récidive (art. 5, 6 et 7). D'après M. Grüner, comme d'après M. Delmer (1) l'ancien état de choses ne se trouve guère modifié pour les mines prospères du Nord et du Pas-de-Calais ; et l'on peut dire que l'effet de la loi ne sera pas très onéreux pour cette région houillère privilégiée de la France, si par une libérale application des dérogations, il n'est pas apporté de restrictions aux usages locaux qui permettent de répondre avec une souplesse suffisante aux nécessités économiques.

Pour les autres régions houillères de la France, la réduction de production aggravée de période en période par l'élévation consécutive du prix de revient peut entraîner l'arrêt de plus d'une exploitation, jadis encore, sinon prospère, du moins à peu près rémunératrice.

1. Voir note 1, p. 94 et note 2, p. 95 ci-dessus.

Ainsi fut fait en France, un pas nouveau dans la voie de la réglementation législative du travail des adultes et de la limitation du droit individuel au travail (1).

L'Autriche est le premier Etat qui ait par la loi réglé la durée du travail des houilleurs (2).

Le paragraphe 3 de la loi du 21 juin 1884 a limité à douze heures la durée de la présence et à dix heures la durée du travail des ouvriers (fond et surface) dans les mines de toute nature.

A la suite de la grève du district d'Ostrau-Karwin

1. Le 3 juillet 1905, c'est-à-dire quatre jours après la promulgation de la loi, M. Basly déposa une nouvelle proposition, tendant à étendre le bénéfice de la journée de huit heures aux ouvriers du fond et du jour des mines et des carrières.

Elle fut renvoyée à la commission des mines.

L'approche des élections générales de 1906, ne permit pas de discuter utilement cette proposition de loi qui devint caduque.

Elle fut reprise par M. Basly dans la séance du 12 juin 1906, avec le même texte et renvoyée de nouveau à la commission des mines.

Cette commission élabora une nouvelle proposition de loi établissant la journée de huit heures pour tous les ouvriers du fond des mines de combustibles, limitant le nombre des dérogations susceptibles d'être accordées et précisant les pénalités auxquelles donneraient lieu les contraventions commises par les exploitants.

Le projet de loi fut adopté par la Chambre des Députés par 424 voix contre 102, le 5 juillet 1907. Le Sénat saisi de la proposition adoptée par la Chambre des Députés n'a pas encore délibéré sur cet objet.

V. Rapport de M. Delmer. France, p. 80.

2. Sur la législation autrichienne, voir :

Documents sur la durée du travail dans les mines, fascicule II. Réponses du gouvernement aux questions posées par la Section Centrale (proposition Destrée), Bruxelles, 1907, p. 41.

Documents sur la durée du travail dans les mines, fascicule III ; enquête anglaise, p. 126. Bruxelles, 1907.

Circulaire 3659 du 22 août 1908 : Comité central des houillères de France, M. Bès de Berc.

La loi de 1905 sur la durée du travail dans les mines, p. 289.

en 1890, un nouveau texte fut mis à l'étude et promulgué le 27 juin 1901.

En ce qui concerne les ouvriers à l'intérieur des mines de charbon, le paragraphe 3 de la loi de 1884 a été modifié de la manière suivante :

La durée du poste dans les mines de charbon ne doit pas dépasser neuf heures par jour, comptées de l'entrée du premier ouvrier à la sortie du dernier.

Les interruptions et les repos sont comptés dans ce total, sauf lorsque ces repos sont pris au jour. Dans ce dernier cas la remonte et la descente avant et après ces repos. ne sont pas comptées (1).

La loi prévoit des dérogations permettant d'augmenter la durée du poste (au maximum douze heures, dont dix de travail) lorsque les circonstances existant au moment de la promulgation de la loi exigeaient le maintien des habitudes anciennes.

A l'heure actuelle, aucune dérogation semblable n'est plus accordée.

Pour certaines mines situées dans les régions élevées des Alpes, le ministre peut accorder des dérogations, sous la condition que le total des heures de travail dans la semaine ne dépasse pas cinquante-quatre.

Ces mines sont désignées sous le nom de Wochenbergen.

Il est peu aisé de connaître les résultats de la réduc-

---

1. Les mineurs autrichiens ont coutume de remonter à la surface prendre leur repos.

tion de la durée du poste en Autriche ; voici en effet ce que nous lisons dans l'*Organe Industriel Commercial et Economique du Bessin de Liège* (1) :

« Dans son rapport sur la durée du travail dans les mines, M. Delmer écrit qu'il existe dans la région d'Ostrau Karwin un charbonnage dans lequel le rendement de l'ouvrier s'est accru depuis 1901 de 72 0/0 d'après les chiffres de l'administration des mines et de 91 0/0 d'après ceux donnés par les directeurs de charbonnages.

« On oublie de dire, ou l'on ignore, qu'en 1901 le charbonnage en question était en pleine période de travaux préparatoires.

« En 1907 la production est le fait exclusif des travaux d'abatage, elle est le double de 1901.

« Ce n'est pas la réduction des heures de travail qui a fait passer du simple au double le rendement de l'ouvrier.

« Il est évident qu'elle ne pouvait avoir cette vertu magique ».

L'Organe Industriel commercial et économique du bassin de Liége reconnait néanmoins que par suite de la disposition et de la nature des gisements autrichiens, les méthodes nouvelles d'exploitation introduites dans le pays ont pu, au point de vue de la production, com-

1. 16e année, no 42. Liège, 17 octobre 1908

penser dans une certaine mesure la réduction des heures de travail.

L'auteur de l'article ajoute immédiatement que les méthodes d'exploitation employées en Autriche sont incompatibles avec la nature des gisements belges et qu'elles ne seraient pas tolérées par l'administration des mines, étant prohibées par les règlements.

L'Angleterre n'a pas encore solutionné la question de la limitation du travail des adultes dans les houillères ; depuis dix-sept ans, ce pays assiste à des études, des enquêtes et des discussions parlementaires sur ce sujet, étant donné l'état actuel de ces travaux, il y a tout lieu de penser qu'un texte ne tardera pas à intervenir.

Dès 1891, le Congrès des Trade-Unions ne se borna plus comme en 1890 à affirmer le principe des huit heures, la majorité des ouvriers demanda la limitation par acte législatif (1).

La première discussion parlementaire eut lieu le 23 mars 1892, le bill fut rejeté.

Le Mines (*Eight Hours*) Act fut ensuite représenté à peu près chaque année.

A la suite de la onzième discussion du 12 avril 1907, le bill des députés mineurs fut accepté en seconde lecture, mais, sous cette réserve que le gouvernement pré-

---

1. *Revue de législation des Mines.* « La durée du travail dans les mines de Grande-Bretagne » par Füster, avril 1908, p. 126.

senterait lui-même un projet de loi dès que l'enquête en cours aurait pris fin ; ce projet fut déposé le 1er août 1907 (1).

La première lecture du bill du gouvernement ne souleva à proprement parler aucune opposition. Depuis lors, un sérieux mouvement s'est dessiné dans l'opposition anglaise contre la limitation du travail des ouvriers mineurs, une ligue des consommateurs de charbon s'est notamment constituée.

Le bill avait pour objet de limiter la journée de travail à neuf heures jusqu'au 30 juin 1909 et à huit heures postérieurement à cette date.

Tous les ouvriers sont compris dans l'application du bill, seuls les surveillants, chauffeurs, accrocheurs de puits, palefreniers et préposés au service des pompes sont exceptés. L'inspecteur des mines déterminera pour chaque mine le temps nécessaire à la descente et à la remonte des ouvriers. Tous les ouvriers doivent être descendus dans ce temps ; s'ils remontaient dans l'ordre de descente, le temps de présence aurait été de huit heures juste : comme il ne serait pas possible d'observer cet ordre, le projet ne réalise qu'une journée moyenne de travail de huit heures.

Lorsque ce projet fut discuté en commission (2), le 20 février 1908, le ministre y introduisit un amendement ;

1. *Revue du travail de Belgique*, n° 6, 31 mars 1908, p. 358 et 359. Documents sur la durée du travail dans les mines (déjà cités). Fascicule III. Enquête anglaise, p. 145 à 194.
2. Rapport de M. Delmer. Grande-Bretagne, p. 97.

tandis qu'aux termes de la première proposition, la période transitoire pendant laquelle la journée serait de neuf heures, devait durer seize mois, l'amendement nouveau instituait un palier de cinq ans, durant lesquels le nombre d'heures de travail serait de huit heures et demie. Le projet fut discuté par le Parlement au cours des deux séances des 22 juin et 6 juillet 1908. Une proposition d'ajournement fut repoussée par 390 voix contre 120 et le bill fut adopté en seconde lecture ; ce vote rend imminente, malgré les efforts de ses adversaires, l'adoption définitive du texte établissant la journée de huit heures dans les mines anglaises.

Faisant abstraction de la Prusse qui n'a réglementé le travail des ouvriers adultes que lorsqu'il s'exerce dans des conditions exceptionnellement pénibles et dangereuses, l'Autriche et la France sont les seules nations qui aient par mesure générale limité à neuf et huit heures la journée de travail dans toutes les mines de combustibles, avec cette restriction pour la France que la limite de huit heures ne s'applique qu'aux ouvriers employés à l'abatage.

Nous allons voir quelle a pu être l'influence de ces exemples sur la Belgique et dans quelles conditions s'est posée la question de la limitation de la journée de travail des adultes dans les houillères de ce pays.

CHAPITRE II

LES PREMIÈRES PROPOSITIONS DE RÉGLEMENTATION DU TRAVAIL DES OUVRIERS MINEURS ADULTES

Devant la Prusse timide, l'Angleterre encore indécise, la Belgique n'avait sous les yeux qu'un exemple à retenir, celui de l'Autriche ; encore faut-il ajouter que les dispositions géologiques des couches de houille de ce pays n'offrent aucune analogie avec celles de la Belgique, de la France et de l'Angleterre ; comparées aux couches autrichiennes, celles de l'Europe septentrionale se présentent dans des conditions plus difficilement exploitables, leur épaisseur étant en moyenne au minimum trois fois plus faible (1) : 0 m. 60 à

1. « Les couches belges sont moins puissantes que celles de nos voisins allemands, anglais et français.

« La puissance moyenne est de 65 centimètres en Belgique. En Angleterre les veines qui n'atteignent pas un mètre ne sont pas exploitées, il en est qui atteignent 2 m. 50 et 3 mètres.

« En Westphalie, la puissance moyenne des couches est de 1 mètre, elle est plus élevée encore à Sarrebrück, et la *Silésie* connait des couches dont la puissance varie de 1 à 4 mètres.

« En France, la puissance des couches est également plus grande, elle dépasse généralement 80 centimètres dans le Nord, 1 mètre dans le Pas-de-Calais. — Le *Génie Civil de France* du 21 avril 1906 enseigne

0 m. 90 (1) pour les premières, alors que les couches de 4 mètres ne sont pas rares en Prusse et en Autriche

La Belgique ne pouvait se comparer qu'aux pays se trouvant dans une situation analogue, de sorte que l'exemple de l'Autriche se trouvait par là singulièrement réduit dans sa portée.

L'épaisseur de la couche commande en effet l'exploitation et la dirige, ce sont les caractères géologiques des gisements qui permettent ou interdisent l'emploi des hâveuses mécaniques, c'est toute l'organisation du travail qui se trouve dans cette dépendance.

Cependant, malgré l'indécision de pays voisins qui bien avant elle avaient limité la durée du travail du personnel protégé, la question de la réglementation du travail des adultes fut abordée en Belgique.

De 1889 à 1907, les propositions et les textes mis à l'étude se sont succédé nombreux et de plus en plus fréquents ; de toutes ces propositions, aucune ne devait voir le jour de la discussion.

---

que la puissance des 11 couches en exploitation dans les trois mines sinistrées de Courrières était de 1 m. 21. »

Conseil supérieur de l'industrie et du commerce, limitation de la journée de travail. Rapport général de la commission par M. Smet de Nayer, vice-président du Conseil supérieur de l'industrie et du commerce 6 mars 1907, Bruxelles, p. 53.

1. Enquête sur la durée du travail dans les mines.

Documents, fascicule II, Bruxelles, 1907.

Réponses du gouvernement aux questions posées par la Section centrale chargée d'étudier la proposition Destrée du 26 février 1903.

Page 29. « La Haute-Silésie exploite des couches très épaisses : 7 à 8 mètres ».

Brusquement, au cours de la session 1906-1907, sans emprunter la lente procédure des travaux des parlementaires, plusieurs amendements inspirés de propositions à l'étude, furent soumis à la Chambre des Représentants et après un mois et demi de discussion, adoptés ; le cabinet, vieux de presque déjà dix ans, se retirait le lendemain.

Il est ici indispensable de reprendre par le détail l'historique de la réglementation du travail des adultes et d'expliquer les faits :

Dès la session 1889-1890, la Chambre des Représentants avait été saisie par M. Paul Janson d'une proposition de loi relative à la durée du travail dans les mines.

A titre d'essai, cette proposition fixait à dix heures le maximum de la durée de la journée dans les charbonnages, provisoirement, pour deux ans, sans préjudice des dispositions réglementant le travail des adolescents, des femmes et des enfants.

Ce texte fit en 1891 l'objet d'un rapport de M. Sabatier ; nous avons déjà eu occasion, à raison de sa portée générale, de citer ce rapport à plusieurs reprises ; par suite de considérations tant politiques qu'économiques, la proposition fut repoussée conformément aux conclusions de ce rapport présenté au nom de la section centrale.

Malgré son échec, cette tentative ne demeura pas isolée, la lutte en faveur de la réduction légale de la journée de travail fut reprise sous d'autres formes.

M. le Représentant Helleputte déposa le 12 février 1895, sur le bureau de la Chambre, une proposition interdisant le travail de nuit, celui du dimanche et déléguant au roi la détermination de la durée maxima de la journée des ouvriers des deux sexes, occupés dans les industries régies par la loi de 1889.

Le même mois, la même année, M. Bertrand présentait un texte analogue : fixant directement à huit heures le maximum de la durée du travail quotidien pour les ouvriers et employés des administrations publiques et à dix heures pour les autres.

Les deux propositions, en raison de leur connexité, furent examinées en même temps et furent l'objet d'un rapport présenté par M. Van Cauvenborgh ; la section centrale se rallia au texte de M. Helleputte, moins catégorique que celui de M. Bertrand.

La dissolution des Chambres de 1900 ayant fait disparaître de l'ordre du jour les deux propositions, elles furent toutes deux déposées à nouveau, celle de M. Bertrand, dans la séance du 5 février 1901, celle de M. Helleputte, dans la séance du 12 juin suivant ; comme le précédent rapporteur M. Van Cauvenborgh ; M. Mabille à son tour se prononça en faveur de l'adoption de la proposition du représentant Helleputte.

Enfin, le 26 février 1903, M. Destrée présentait une proposition tendant à établir la journée de neuf heures.

un an après la promulgation de son texte ; et celle de huit heures trois ans après cette promulgation.

En 1906, la proposition Helleputte, la seule prise en considération par la section centrale, était encore à l'étude ; une enquête était faite par le Conseil supérieur de l'industrie et du commerce (1), la question semblait devoir s'éterniser sans solution, lorsque brusquement les événements se précipitèrent.

1. Chambre des représentants. Séance du 11 mai 1906.

Pour le texte complet de toutes ces propositions, l'enquête et le rapport de M. de Smet de Nayer. Voir « Limitation de la journée de travail ». *Conseil Supérieur de l'industrie et du commerce* (ouvrage déjà cité, p. 107 ci-dessous), Bruxelles, 1907.

CHAPITRE III

TRAVAUX LÉGISLATIFS

I

Chambre des Représentants

Le bassin de la Campine. — La réforme des lois des 21 avril 1810 et 2 mai 1837. — Propositions diverses. — Projet du gouvernement. — Les amendements relatifs à la durée du travail des adultes dans les mines (art. 36 du projet). — Partisans et adversaires. — La discussion. — Les votes. — La chute du cabinet — La crise

Au commencement de l'année 1902, un bassin houiller nouveau fut découvert dans les provinces d'Anvers et de Limbourg, l'attention publique fut alors attirée sur l'opportunité de certaines réformes qui auparavant paraissaient sans intérêt en Belgique, à une époque où il n'existait plus pour ainsi dire de terrains concessibles dans les anciens bassins.

De nombreuses propositions tendant à fixer les conditions d'exploitation des futures concessions furent présentées tant à la Chambre qu'au Sénat (1).

1. 24 décembre 1901 et 11 mars 1902. Sénat. M. Hanrez : 9 avril 1902.

Le principe lui-même de la concession fut mis en discussion, MM. Denis et Vandervelde, ne se contentèrent pas comme M. Hanroz d'une réserve au profit de l'Etat, ils réclamèrent l'incorporation au domaine public de toutes les mines non concédées auparavant, ainsi que des mines de fer ; le gouvernement, qui ne pouvait rester indifférent à l'assaut donné aux lois fondamentales de 1810 et 1837, déposa le 7 février 1905, sur le bureau de la Chambre, un projet complétant et modifiant les textes des 21 avril 1810 et 2 mai 1837 sur les mines.

Ce projet, tout en maintenant les principes fondamentaux, modifiait dans une certaine mesure les formalités de la procédure des concessions : il fit l'objet d'un rapport présenté par M. Versteylen (1).

La Chambre des Représentants, saisie de la réforme minière, l'étudia du 14 mars 1906 au 12 avril 1907, soit plus d'une année entière et lui consacra quarante-huit séances.

Les débats furent calmes et le texte du gouvernement paraissait devoir obtenir l'approbation des Représentants, lorsqu'on en vint à la discussion d'amendements relatifs à la durée du travail dans les mines.

La Chambre adopta, le 8 février, les textes de MM. Denis et Helleputte, excluant des travaux du

---

Chambre, MM. Denis et Vandervelde. — 23 janvier 1903. Sénat, M. Picard.

1. Documents parlementaires (Chambre, session 1905-1906, séance 25 janvier 1906), n° 62, p. 237.

fond les femmes et les enfants âgés de moins de quatorze ans ; le gouvernement s'était abstenu.

Du 13 février au 6 mars 1907, les amendements de MM. Denis, Helleputte, Pépin et Beernaert relatifs à la durée du travail dans les mines furent discutés.

Le débat fut extrêmement passionné ; partisans et adversaires de la limitation légale des heures de travail donnèrent libre cours à leur éloquence.

Un des premiers M. Lévie peignit devant les Représentants les difficultés et les dangers des travaux souterrains des mines ; son discours, bref et concis, produisit sur la Chambre une forte impression, nous en citerons ce passage (1).

Malgré d'incontestables améliorations, les conditions dans lesquelles s'effectue le travail des ouvriers à veine, sont exceptionnelles, il serait odieux de le nier.

Ils sont là, presque dans l'obscurité, couchés, mal à l'aise dans une atmosphère qui n'est assurément pas celle que nous respirons ici, parfois dans l'eau, dans la boue, dans la poussière. Et que de menaces autour d'eux, une pierre qui se détache du toit, une voie d'eau et l'horrible grisou qui sème la désolation et la mort dans les régions houillères !

Et de longues heures durant, du même effort musculaire ils abattent le charbon de la veine.

On dit, Messieurs, vous faites du sentiment ! Mais est-ce

1. *Annales parlementaires de Belgique*. Chambre. Session. 1906-1907, 14 février 1907, p. 517, col 2.

que l'homme qui travaille dans ces conditions n'est pas un être de sentiment? Chair et os, oui, mais cœur et esprit surtout!

Est-ce que les conditions du travail ne pèsent pas de tout leur poids sur la vie humaine au point de la rendre bonne ou mauvaise, heureuse ou malheureuse? Nous reconnaissons l'ouvrier à veine entre cent; son teint est livide, c'est celui de l'homme ordinairement privé de la lumière du jour, souvent il est déformé!

L'impression produite sur les représentants fut plus grande encore, lorsque M. Mansart se leva pour parler(1).

N'avait-il pas été ouvrier mineur lui-même? Les difficultés et les dangers exposés par M. Lévie ne les avait-il pas affrontés autrefois?

L'attente de la Chambre ne fut pas déçue, M. Mansart prononça un très beau discours dans lequel il demanda la limitation du travail à huit heures en s'efforçant de démontrer que cette limitation avantageuse pour la santé de l'ouvrier, devait l'être également pour la bonne exploitation des houillères (2).

Il est matériellement impossible à l'ouvrier à veine de travailler, ne fût-ce même que pendant huit heures. Cela n'est pas possible.

1. Les orateurs parlent de leur place, on n'use de la tribune que pour y lire des rapports.

2. *Annales Parlementaires* (déjà cit.), 14 février 1907, p. 527, col. 1.

Pour se rendre sur le lieu de son travail, le mineur doit descendre dans la mine, passer par le puits d'extraction à grand courant d'air, puis faire un trajet, parfois d'une demi-heure ou de trois quarts d'heure, portant sa lampe, ses tartines, ses outils, en se glissant dans des galeries qui n'ont parfois que 80 centimètres de hauteur.

Il faut avoir passé par les galeries tortueuses, tantôt montantes, tantôt descendantes, non éclairées, glissant tantôt dans la boue et dans l'eau, tantôt dans la poussière de charbon, pour savoir ce qu'est un voyage pareil.

Et imaginez-vous quelles sont les positions que doit prendre un homme, chargé de sa lampe, de ses outils et de son manger pour passer par ces galeries. Puis, figurez-vous comment s'effectue le travail dans la taille qui n'a parfois que 40 centimètres d'ouverture, car les tailles qui ont 90 centimètres sont extraordinaires, on les appelle de grandes veines ! Et dans cette étroite ouverture de 40 centimètres qui est encore diminuée de l'épaisseur du boisage, cet ouvrier doit constamment abattre du charbon, frappant du pic, de ci de là : enlever le charbon, le faire passer par ces trous étroits.

Il doit ainsi piocher toute la journée dans une poussière si intense que bien que les mineurs ne soient séparés que de 4 mètres l'un de l'autre, ils ne peuvent presque pas apercevoir la lampe de leurs collègues.

Il est matériellement impossible qu'un homme puisse fournir dans ces conditions d'une façon continue un labeur quotidien de plus de huit heures.

J'ai exercé le métier et quoique je fusse l'un des plus forts physiquement, je n'ai jamais pu exécuter, pendant huit heures durant, ce labeur de bête de somme. Nul homme ne peut supporter une telle fatigue.

Ah ! quand on réfléchit à la situation pénible de l'ouvrier attaché à la veine (1), à l'ouvrier transpirant et suant, qui n'a pour se désaltérer qu'une boisson surchauffée par la température intérieure, qui ne peut manger son morceau de pain qu'avec les mains salies et infectées de matières graisseuses et autres, on chercherait, sans doute, les moyens de le faire remonter le plus vite possible du fond de la mine pour venir respirer un air pur à la surface, pour venir goûter la lumière bienfaisante du soleil réparateur, et l'on concevrait que, après quelque temps d'un régime semblable, l'ouvrier puisse donner un effet utile plus grand, parce qu'il serait plus à même de résister au travail surhumain qu'il a à accomplir.

Loin de diminuer, la production au bout d'un certain temps augmenterait, parce que l'ouvrier deviendrait plus fort, plus habile et pourrait consacrer ses moments de loisir à étudier les perfectionnements que l'on pourrait apporter dans la lutte contre les dangers du fond de la mine.

Dans la même séance du 15 février, M. Helleputte put développer et soutenir son amendement ainsi conçu :

Dans les provinces de Limbourg et d'Anvers, la durée du travail effectif d'abatage ne pourra pour les ouvriers du fond dépasser huit heures.

---

1. Chambre : *Annales parlementaires* (cit.), 15 février, p. 531, col. 2.

Avec cet orateur après un court et rapide exposé de l'état de la question, nous entrons dans le vif de la discussion du principe de la limitation légale du travail des adultes (1).

En 1895, nous avons déposé une proposision de loi ayant pour but de limiter la durée du travail des adultes dans toutes les industries.

La proposition fut votée, d'abord par les sections et ensuite à une forte majorite en section centrale.

La dissolution de 1900 l'ayant fait disparaître de notre ordre du jour, elle fut déposée à nouveau, renvoyée à une nouvelle section centrale qui se prononça dans le même sens que la première.

Nous étions en 1895, à quatre années seulement de l'encyclique célèbre de Léon XIII sur la condition des ouvriers. Avec une liberté et une vigueur de langage vraiment apostoliques et qui, dans notre bouche, seraient taxées d'excessives, le pape proclamait que la loi doit intervenir pour protéger les forces de l'ouvrier contre un épuisement prématuré.

« Pour ce qui est, disait Léon XIII, des intérêts physiques et corporels, l'autorité publique doit tout d'abord les sauvegarder, en arrachant les malheureux ouvriers aux mains de ces spéculateurs qui, ne faisant point de différence entre un homme et une machine, abusent sans mesure de leurs personnes pour satisfaire d'insatiables cupidités.

« Exiger une somme de travail ; — ainsi continue l'encycli-

1. *Annales parlementaires*, p. 544, col. 1 et 2.

que, — qui en émoussant toutes les facultés de l'âme écrase le corps et en consume les forces jusqu'à l'épuisement, c'est une conduite que ne peuvent tolérer, ni la justice, ni l'humanité.

« L'activité de l'homme, bornée comme sa nature. a des limites qu'elle ne peut franchir, elle s'accroît sans doute par l'exercice et l'habitude, mais à condition qu'on lui donne des relâches et des intervalles de repos. Ainsi le nombre d'heures d'une journée de travail ne doit pas excéder la mesure des forces des travailleurs et les intervalles de repos devront-ils être proportionnés à la nature du travail et à la santé des ouvriers et réglés d'après les circonstances des temps et des lieux. »

On ne saurait imaginer un exposé des motifs plus éloquent et plus précis pour une proposition de la loi limitant la durée du travail...

Notre proposition est modérée, elle fixe un maximum à la durée du travail (1).

Nous ne disons pas que les ouvriers ne pourront travailler moins, mais nous disons qu'ils ne pourront travailler plus.

On nous reproche d'avoir limité notre proposition à l'abatage. Nous l'avons fait pour deux raisons : d'abord parce que c'est le travail de l'abatage qui règle le travail des autres ouvriers ; donc en limitant la durée du travail de l'abatage, nous limitons la durée du travail des autres ouvriers de la mine (2).

1. *Annales parlementaires* (citées), p. 570, col. 1 et 2.
2. *Commentaire de la loi française* de 1905, p. 95 ci-dessus.

On a dit et répété souvent que la grande industrie produit fatalement des effets désastreux sur la santé physique, morale, intellectuelle et religieuse des populations, au milieu desquelles elle établit son empire : verrons-nous, laisserons-nous vérifier cette désolante affirmation ? Telle est la question qui se pose (1).

Si nos amis de la droite votent nos amendements, la population de Limbourg gardera de leur sollicitude un souvenir profondément reconnaissant. ce sera pour elle le salut.

La manière dont la question se trouvait posée par M. Helleputte ne fut pas pour plaire aux adversaires de la réglementation du travail des adultes, la tactique du député de la droite fut assez vivement dénoncée à la Chambre par le représentant libéral Neujean.

Le discours de M. Helleputte a été presque exclusivement un discours politique. Il a battu le rappel des troupes catholiques, il a voulu les rallier au nom de l'encyclique! (2).

Son amendement a bien le caractère d'une manœuvre électorale. M. Helleputte a à peine cherché à dissimuler sa pensée, ce qu'il veut le voici : il redoute l'avènement de l'industrie dans le Limbourg qui sortira les campagnards du Limbourg de l'isolement si favorable à la domination du

---

1. *Annales parlementaires*, p. 576, col. 1.
2. *Annales parlementaires* (citées), 21 février 1907, p. 590, col. 2.

clergé ; il voudrait préserver le Limbourg de l'influence des contacts nécessaires qu'amènera l'établissement de l'industrie houillère dans la Campine. Il devine aisément que le socialisme va pénétrer dans le Limbourg avec l'industrie et ébranler davantage l'ascendant du clergé, et pour combattre d'avance les socialistes. il essaie tout simplement de leur enlever leur enseigne, leur drapeau, de leur arracher leurs armes et de représenter son parti, comme le véritable parti ouvrier !

Plus pondéré et avec plus d'habileté, M. Versteylen, rapporteur du projet de loi sur les mines. intervint auprès de la droite pour l'arrêter dans la voie où voulait l'engager M. Helleputte. il rappela quelle avait toujours été l'attitude du parti catholique dans la question de la limitation des heures de travail des ouvriers adultes et le pria de ne pas se déjuger :

On a parlé tout à l'heure de ce que nous avons fait, de ce que les catholiques doivent faire au point de vue social Toute la politique du gouvernement actuel, celle qui a été suivie depuis 1884 et contenue dans une déclaration que nous avons entendue naguère et que voici (1) :

« Nous demeurerons fidèles à la liberté lorsqu'elle pourra à la fois sauvegarder l'intérêt des forts et le droit des faibles, mais nous ferons appel à l'intervention du pouvoir, lorsque le devoir social ne sera pas suffisamment compris et

1. *Annales Parlementaires* (citées), 20 février 1908, page 576, col. 2.

nous agirons alors avec prudence dans l'intérêt de tous, pour la conservation et le progrès de la société. »

Voilà la vraie politique des catholiques !

Ce n'est du reste pas la première fois que la Chambre belge s'occupe de la limitation des heures de travail, et je me permets de vous rappeler la motion que présenta l'honorable M. Janson dans la séance du 1er mai 1891 (1).

« Je voudrais, disait-il, que le gouvernement fit un pas de plus, je voudrais qu'il saisit les Conseils de l'industrie et du travail, où siègent en commun des patrons et des ouvriers de la question de savoir quels seraient les effets dans les différentes industries, de la réduction du nombre d'heures de travail, que celle-ci soit imposée par la loi ou qu'elle résulte de l'accord libre des patrons et des ouvriers. »

L'honorable M. Beernaert, ministre des Finances et chef du gouvernement d'alors répondait :

« J'estime, Messieurs, que la loi doit toucher le moins possible à la liberté du citoyen, je ne puis admettre que ce serait un progrès au point de vue de la condition des classes ouvrières qu'une loi qui, empiétant sur les libertés les plus naturelles et les plus essentielles, viendrait interdire à l'homme majeur et maître de son intelligence ou de ses actes, de travailler au delà d'un nombre d'heures déterminé. Je l'ai déjà dit et je le déclare de nouveau, c'est là une atteinte à la liberté, il me serait impossible de l'admettre. Je ne pourrais concevoir que la loi pût être à ce point tyrannique

---

1. *Ib.*, pages 579, col. 2 et 580, col. 1.

et investigatrice de vouloir régler l'emploi de mon temps, c'est là l'affaire de chacun et le domaine des libres conventions ».

M. Versteylen se plaisait ainsi devant la Chambre, suivant une tactique classique, à mettre en opposition M. Beernaert, premier ministre autrefois, avec M. Beernaert, en ce jour représentant, ardent défenseur de l'amendement Helleputte, auteur lui-même d'un autre amendement, d'une rédaction quelque peu différente, en prévision du cas où le texte en discussion viendrait à être rejeté.

Les partisans de la limitation des heures de travail des adultes ne s'arrêtèrent pas aux contradictions relevées par le rapporteur Versteylen ; M. Denis lui répondit et s'attacha à démontrer que l'initiative privée, que pouvait encore invoquer en 1891 M. Beernaert, avait fait son temps, et qu'aujourd'hui l'entente directe des patrons et des ouvriers devait faire place à l'intervention de l'Etat.

Ce discours est certainement l'un des plaidoyers les plus intéressants des débats, en ce qu'il s'appuie solidement sur l'évolution historique des faits (1).

Il est aujourd'hui certain, déclara M. Denis, que la loi doit intervenir et que l'intervention directe du législateur

1. *Annales Parlementaires* (citées), 20 février, p. 580, col. 2, p. 581, col. 1.

dans la limitation de la durée du travail des adultes et spécialement dans les mines, est devenue non plus une nécessité théorique doctrinale mais une nécessité historique.

Nous sommes loin aujourd'hui de la conception abstraite et simpliste du contrat de travail formé d'individu à individu expression d'une conception atomiste de la société. Les mesures relatives aux conditions du travail tendent à prendre une généralité grandissante et d'un autre côté la liberté individuelle se refugie de plus en plus, surtout pour la grande industrie, dans la citadelle de l'Association.

L'Association à son tour ne peut aboutir au règlement collectif des conditions du travail que par deux voies, l'entente avec les collectivités patronales ou la lutte, les grèves : l'*ultima ratio* du travail !

On s'est demandé ici, et l'on se demande encore comment l'initiative privée ne poursuit pas la solution du problème et pourquoi la loi ? En aucun pays du monde la question ne semble se poser avec plus de netteté qu'en Angleterre. Consultez en effet le dernier rapport du Congrès des Trade-Unions, celui de 1906. Vous y verrez que l'Association des mineurs du Durham y est représentée par 75.000 hommes ; que la Fédération Générale des mineurs de la Grande-Bretagne y est représentée par 325.000 mineurs ; que l'association du Northumberland et celle de la Forêt de Dean, le sont par 24.000 hommes ; ce qui fait en tout 424.000 hommes, puissamment organisés, sur une population minière de 750.000 travailleurs environ.

Comment, se dira-t-on, cette puissance formidable ne tente-t-elle pas la solution du problème des huit heures ?

Messieurs, elle l'a poursuivie par l'entente directe avec les patrons, elle a échoué dans cette tentative, elle ne la poursuivra pas par la grève générale.

Elle ne la poursuivra pas par la grève générale, parce que nous avons des leçons de l'histoire et qu'elles suffisent pour justifier la nécessité de l'intervention de l'Etat. La grande leçon est dans la grève des mécaniciens.

L'immense portée de cette grève qui eut lieu en 1897-1898, ce fut précisément de déterminer en Angleterre un courant décisif en faveur de l'intervention de l'Etat. L'organisation des mécaniciens était formidable, ils étaient 90.000, leurs ressources étaient les plus considérables qu'aucune trade-union anglaise ait réunies.

Et cependant les mécaniciens, c'est-à-dire les premiers qui aient tenté la conquête de la journée de huit heures ont échoué! Ni les efforts d'entente directe avec les patrons, ni la grève ne réussissent. Eh bien, c'est ce qui a déterminé en Angleterre un véritable tournant dans l'histoire du travail; c'est ce qui a fait que la légitimité de l'intervention de l'Etat est reconnue à peu près partout aujourd'hui.

Vous n'aurez pas ici des conflits gigantesques qui ébranlent l'industrie, ruinent et découragent les syndicats, sans aboutir à une solution organique stable.

Ce sont, Messieurs, les leçons de l'histoire, elles se transmettent d'un peuple à un autre, nous avons à en profiter nous-mêmes.

Le Représentant socialiste Terwagne, se plaça à un autre point de vue, quelques jours après, pour défendre la réglementation du travail des adultes, il s'attacha à démontrer que l'Etat avait le devoir d'intervenir en faveur des ouvriers et de protéger leur existence et leur santé : il vaut mieux prévenir que guérir, pensait l'orateur et entre plusieurs maux choisir le moindre, il supplia donc ses collègues de voter la limitation du travail des adultes, qui, selon lui, libérerait les ouvriers du surmenage et de la maladie et de ce fait déchargerait d'un grand poids les œuvres d'assistance et de bienfaisance.

Il est profondément triste, disait M. Terwagne (1), de songer et de voir qu'à côté de nous vit une classe entière d'hommes qui sont nos égaux, qui jouissent comme nous de l'intelligence, une classe de gens capables de tous les héroïsmes, se détruire par le surmenage continuel, et cela sans bénéfice pour la Société !

N'a-t-il pas été démontré que le travail produit par l'ouvrier surmené est inférieur à ce qu'il pouvait être ? Toutes les déchéances de la race, toutes les maladies qui ont leur origine dans le surmenage ; l'existence de ces pauvres enfants, idiots, bossus, cagneux, rachitiques portant dans leur être toutes les tares héréditaires, tout cela tombe à la charge de la bienfaisance publique et somme toute, c'est la collectivité qui doit payer en fin de compte l'erreur des gouvernements de n'avoir pas été assez prévoyants sur le terrain de la législation du travail...

1. *Ann. parl.* (citées), 1er mars 1907, p. 671, col. 1.

Messieurs, le jour où vous accepterez de vous soumettre à la décision de savants physiologistes qui ne seront point animés d'un esprit de parti, vous serez obligés d'admettre pour le travail maximum des esclaves de la mine, non pas huit heures, mais bien quatre et j'ajoute que des mesures énergiques de préservation ouvrière seront encore prises au surplus.

Mais, vous ne consultez pas la science impartiale. C'est l'avis des patrons intéressés qui vous guidera !

On nous a répété à satiété : Votre réglementation, c'est la mort de l'industrie ! Mais, Messieurs, si nous devons vous répondre : C'est la mort de nos frères, c'est la mort des travailleurs ! — Que répondriez-vous ?

Savez-vous ce qui nous divise ? C'est que, pour vous, les hommes sont pour l'industrie et que, pour nous, l'industrie est pour les hommes !

M. Terwagne ne fut pas le seul à envisager le préjudice causé à la nation par les maladies nées du surmenage, M. Mabille avait déjà exprimé dans un langage beaucoup plus sobre, plus retenu, mais néanmoins plus pénétrant, les mêmes idées.

Nous demandons que la loi intervienne, avait dit M. Mabille (1), pour protéger éventuellement les houilleurs du nouveau bassin contre leur propre imprévoyance, pour les protéger contre eux-mêmes et contre des exigences inac-

1. *Annales Parlementaires* (citées), 27 février 1907, p. 632, col 2.

ceptables, car l'expérience faite ailleurs prouve qu'il y va de leur intérêt et de leur propre conservation.

Notre race se déprime, nous devons avoir le souci de la sauvegarder, car c'est l'intérêt même de la nation qui est en jeu.

Ah ! on nous dit que par nos mesures de protection nous allons tarir les sources de la prospérité nationale. — Non, le danger n'est pas là !

Ecoutez, ce qu'écrit M. Raoul Jay, un professeur à la Faculté de Paris, qui n'est pas suspect de socialisme.

« Même au point de vue strictement économique, la nation qui laisse détruire ou amoindrir les forces physiques ou morales des travailleurs manuels fait un détestable calcul.

« Ces forces physiques ou morales sont une partie du capital national, tout comme le sol ou les machines. L'industriel qui pour diminuer le coût de production laisserait ses machines se détériorer faute de réparations serait partout considéré comme un fou qui court à la faillite, il arrivera, en effet, un moment où il sera obligé de prendre sur son capital les sommes nécessaires pour remplacer les machines hors d'usage.

« Si l'on n'a pas la même opinion de l'industriel qui impose à ses ouvriers un travail excessif ou ne leur paie qu'un salaire insuffisant, c'est qu'on sait qu'il ne sera jamais obligé de réparer le dommage causé par sa criminelle imprévoyance : ce dommage restera à la charge de la nation ! »

Eh bien ! C'est ce capital vivant, le plus précieux capital de la nation que nous voulons protéger !

Un libéral démocrate, M. Augusteyns, soutint aussi ces idées devant les Représentants, en s'inspirant de vues politiques qui ne pouvaient laisser ses collègues indifférents. Il s'attacha à faire sentir à la Chambre le puissant intérêt qu'il y avait pour le pays à attacher au sol et aux institutions du pays la classe des travailleurs, si facilement portée à l'internationalisme :

Les ouvriers, en général (1), ceux de la grande industrie, ceux particulièrement de la mine, ont été souvent accusés par une partie de la bourgeoisie conservatrice d'être des sans-patrie, de mauvais patriotes.

Accusation souverainement injuste si l'on considère que les richesses nationales sont en grande partie le fruit de leur labeur opiniâtre et presque toujours trop peu rétribué. Ce sont là de la part de ces déshérités de la fortune, non pas des paroles vaines, mais des actes qui pèsent plus lourd dans la balance que les plus beaux discours officiels et autres.

Or que faut-il pour attacher l'ouvrier à son pays, non seulement par des liens d'intérêt, mais aussi de sympathie ? C'est avant tout d'en faire un citoyen, de lui donner des droits, tout en lui imposant les devoirs qu'implique ce titre.

Je rappelle ici les paroles de Bernstein :

---

1. *Annales Parlementaires* (citées) 6 mars 1907, p. 694, col. 2.

« L'ouvrier qui, dans l'Etat et la Commune est, comme électeur, l'égal de tous les autres citoyens et par cela codétenteur des biens communs de la nation, l'homme dont la communauté éduque les enfants, sur l'hygiène de qui elle veille, qu'elle assure contre les accidents, cet homme-là aura une patrie, sans pour cela cesser d'être citoyen de l'Univers, tout comme les nations se rapprochent de plus en plus, sans cesser pour cela de mener une existence individuelle. »

Dans ce même ordre d'idées, Messieurs, le vote de la journée de huit heures pour les ouvriers de la mine possèdera incontestablement le caractère d'intérêt national, car ce n'est pas seulement la mesure protectrice du travail qu'il faut envisager ici, mais aussi le résultat fécond que doit engendrer une pareille loi d'apaisement social.

Sachons marcher résolument dans la voie de la démocratie, persuadons-nous bien que l'avenir du pays est intimement lié aux intérêts économiques de la grande armée des travailleurs, à son développement moral et intellectuel.

Nos lois doivent donc tendre à faire de tout travailleur un homme libre, un citoyen et non plus un paria ou un esclave.

La discussion touchait à sa fin, nous avons déjà vu que sur la question de principe les partisans s'étaient à la tribune révélés plus nombreux et plus ardents que les adversaires de la réglementation : quelle allait être dans ce débat l'attitude du cabinet ?

Dans son discours du 28 février (1) M. de Smet de Nayer se prononça catégoriquement contre toute limitation légale de la durée du travail des ouvriers adultes.

J'admets parfaitement, disait le premier ministre, l'intervention de la loi et des pouvoirs publics quand il s'agit par exemple de mesures de police telles que les mesures concernant l'hygiène et la sécurité dans les mines et usines, celles concernant le paiement des salaires, la publicité des conditions du travail ou bien quand il s'agit de la protection de la femme et de l'employé mineur dans l'industrie ou bien encore quand il s'agit de stimuler l'initiative personnelle comme en matière de mutualité, de prévoyance, de construction d'habitations ouvrières;

Mais quand il s'agit des conventions dans le travail de l'adulte, de l'individu qui jouit de tous ses droits, de celui qui est « armé », c'est lui faire injure que de le protéger comme on veut le faire.

C'est le considérer en quelque sorte comme un serf.

Nous avons vu avec quelle fougue, quelle ardeur les partisans de la réglementation du travail des ouvriers mineurs avaient sur la question de principe mené l'attaque ; le cabinet devait-il être plus heureux sur les questions techniques et économiques, en un mot était-il bien préparé à résister avec succès au mouvement qui se dessinait dans la Chambre des Représentants ?

Dès le 8 août 1906, le ministre de l'Industrie et du

1. *Annales parlementaires* (citées), p. 658. col. 1.

Travail, M. Francotte, considérant que la question de la limitation de la journée de travail des ouvriers adultes semblait se poser dans le pays avec plus de précision, saisit le Conseil Supérieur de l'Industrie et du Commerce, aux fins d'examiner cette question à un point de vue général d'abord, puis ensuite éventuellement, au point de vue des tempéraments qu'il conviendrait d'apporter à une prescription législative qui consacrerait ce principe (1).

Nous n'avons malheureusement pas de Conseil d'Etat pour la bonne élaboration de nos lois et leur rationnelle coordination ; on a essayé d'y suppléer en créant des organismes tels que le Conseil Supérieur de l'Industrie et du Commerce, le Conseil Supérieur du Travail, le Conseil Supérieur de l'Agriculture, le Conseil Supérieur des Forêts.

Ainsi s'était exprimé M. Hubert devant la Chambre des Représentants, en expliquant à ses collègues les motifs de cette consultation (2).

Dans la pensée de M. Francotte, cette consultation devait porter sur la proposition générale de M. Helleputte, à l'étude depuis 1895.

Le Conseil Supérieur de l'Industrie et du Commerce fit donc une enquête dans chaque groupe d'industries et

---

1. Voir « Conseil Supérieur de l'Industrie et du Commerce ». « Limitation de la journée de travail ». Séance du 29 août 1906, p. 2. Bruxelles, 1907.

2. *Annales Parlementaires* (citées), 13 février, p. 500, col. 2.

de commerces, industries extractives, métallurgiques, textiles, alimentaires, du vêtement, du bâtiment, de l'ameublement, etc., puis sur le rapport de M. Fernand De Smet de Nayer, vota à l'unanimité, dans sa séance du 20 mars 1907, une résolution longuement motivée qui se terminait par la déclaration suivante :

La limitation légale de la journée de travail des adultes constituerait une mesure nuisible aux intérêts du pays entier et néfaste aux intérêts des employeurs et des ouvriers (1).

Devant la Chambre, le cabinet, dans la position qu'il avait prise, disposait donc de l'appui moral, mais un peu tardif (nous avons pu le constater par la date), du Conseil Supérieur de l'Industrie et du Commerce ; appui moral qui se trouvait renforcé par les enquêtes faites auprès de l'Association Charbonnière des bassins de Charleroi et de la Basse-Sambre, des Sociétés Houillères du Couchant de Mons, de l'Union des Charbonnages, mines et usines de la province de Liège.

Les données de ces enquêtes conduites auprès des chefs d'entreprises ne devaient pas résister aux attaques des partisans de la réglementation, qui de leur côté avaient procédé à des enquêtes individuelles et aux réponses patronales opposèrent les réponses ouvrières.

En présence de ce désaccord flagrant dans la documentation des deux partis, le Représentant Neujean

1. Conseil supérieur (déjà cité) : p. 84. — Bruxelles, 1907.

s'appuyant sur le récent exemple de l'Angleterre, proposa, dès le 21 février, d'instituer une enquête spéciale sur la durée du travail dans les mines de combustibles et les effets éventuels de la limitation de la journée de travail.

En faisant cette proposition le Représentant Neujean venait à l'aide du gouvernement, qui, à dire vrai, avait été pris à l'improviste par l'ampleur donnée à la discussion et l'attention accordée par la Chambre à l'examen de l'amendement de M. Helleputte.

Accoutumé à la lente procédure parlementaire des sections centrales, le gouvernement avait été trouvé à peu près au dépourvu par les amendements inopinés de ceux qui avaient paru si bien résignés à la patience et à l'attente, il accepta donc avec empressement la proposition de M. Neujean, espérant obtenir à la faveur de l'enquête un délai pour étudier la réforme proposée.

Le vote incident qui s'ensuivit n'eut pour résultat ni de prolonger l'examen du fond de la question, ni de retarder les travaux de la Chambre, celle-ci en effet, laissant au gouvernement le soin d'instituer une commission spéciale d'enquête, continua, sans surseoir, la discussion des amendements.

Au point de vue politique la manœuvre du gouvernement avait complètement échoué, le cabinet se déclarant mal informé avait fait aveu d'ignorance et ce qui, était plus grave, d'impuissance..

Sans préjuger des conclusions de la Commission spéciale, les Représentants passèrent outre ; l'enquête devant avoir lieu pendant les vacances, dès la rentrée d'octobre, le Sénat pourrait à son tour étudier la réforme minière, qui de toute façon ne pouvait venir plus tôt en discussion devant cette Assemblée.

Le 6 mars 1907, la Chambre adopta l'amendement de M. Beernaert, repoussé par le gouvernement.

Ce texte attribuait au roi le droit de déterminer, à défaut d'une loi et sur l'avis du Conseil des Mines, le nombre d'heures durant lesquelles les ouvriers pourraient être employés à l'intérieur des travaux dans les mines du bassin du Nord (mines du Limbourg).

Un second amendement de MM. Denis (1) et Vandervelde fixant la durée du travail et du séjour dans les travaux du fond, y compris le temps de la descente et de la remonte, fut ensuite adopté :

Cet amendement était ainsi rédigé :

« Pour les ouvriers des charbonnages du bassin du Nord la durée du travail et du séjour dans les travaux du fond ne pourra dépasser *dix heures* y compris le emps de la descente et de la remonte. »

Enfin un troisième amendement présenté par MM. De-

1. « A défaut d'une loi spéciale relative à cet objet un arrêté royal fixera, sur l'avis du Conseil des Mines, le nombre d'heures durant lesquelles, les ouvriers pourront être employés chaque jour à l'intérieur dans l'exploitation effective des mines de combustibles du bassin du Nord. »
Résultats du vote : 79 voix pour ; 46 voix contre : 5 abstentions.

nis, Vandervelde et Helleputte limitant à huit heures la durée du travail effectif d'abatage dans les mêmes mines obtint également l'approbation de la Chambre.

La seconde délibération de la loi eut lieu du 9 au 12 avril.

Le cabinet appuya un nouvel amendement présenté par M. Van Cleemputte, donnant mission au gouvernement de pourvoir dans les exploitations minières à ce que la durée du travail journalier à l'intérieur de la mine ne compromette pas la santé des ouvriers.

Ce texte fut repoussé par assis et levé, dans la séance du 11 avril, l'amendement Beernaert fut de nouveau admis par 76 voix contre 70, ceux de MM. Denis Vandervelde et Helleputte relatifs à la même question, mais plus impérativement limitatifs furent rejetés par assis et levé (1).

Au vote sur l'ensemble, le 12 avril, le projet fut définitivement adopté par la Chambre ; ce vote provoqua la démission du gouvernement et le retrait du projet par un arrêté royal daté du 11 avril.

S'il n'avait commis des fautes, le cabinet avait tout au moins commis des imprudences, il les paya du prix de sa chute.

En effet, au cours des mois d'août, octobre et novem-

1. Un incident assez vif surgit à l'occasion de ce vote, on voulut le recommencer par appel nominal, mais la Chambre ne fut pas unanime pour y consentir, et le vote fut acquis, malgré de vives protestations.

Séance du 12 avril 1907.

bre, alors que les Représentants étaient saisis de la réforme des lois sur les mines, le gouvernement accorda dans le Limbourg DIVERSES CONCESSIONS sous le régime de la loi de 1810.

Ces concessions portaient sur une superficie totale de 27.850 hectares, alors que la totalité des territoires concessibles dans cette province ne dépassait pas 40.000 hectares (1).

Près des trois quarts des terrains se trouvaient donc ainsi aliénés avant que la Chambre n'ait pu régler la question de principe des concessions (2).

Par cet acte le cabinet se montrait bien peu respectueux des futures décisions du Parlement qu'il plaçait

---

1. Rapport de M. Emile Dupont, vice-président du Sénat. Séance du 12 novembre 1907, p. 10.

2. « Quand on a vu le nouveau bassin concédé à quelques groupes, dont plusieurs avaient entre eux des attaches financières, quand on a constaté qu'un acte de concession délivré par le gouvernement, après les formalités requises constituait pour les concessionnaires une propriété d'une valeur considérable, traduite d'ailleurs par les apports, on a examiné de plus près la valeur économique de la conception qui est la base de la loi de 1810.

« Les *conservateurs* eux-mêmes qui n'avaient en somme jamais eu à observer l'octroi des concessions sous ce régime ancien ; attendu que, depuis nombre d'années, la loi de 1810 n'avait donné lieu à aucune application de l'espèce, eurent l'attention attirée sur le principe même et, certains d'entre eux, ainsi que les débats le montrent, mirent en doute la valeur du système de la loi de 1810.

« C'est dans cette pensée que la droite ne put approuver le gouvernement d'avoir concédé tout ce qui était possible dans le bassin nouveau pendant les vacances parlementaires... »

Comité central des houillères de France. Circulaire, n° 3377 du 10 juin 1907.

de la sorte en présence de faits accomplis ; nous avons vu en effet que les Représentants étaient alors saisis d'une proposition d'exploitation du nouveau bassin pour l'Etat.

Il y avait donc là, de la part du pouvoir exécutif, anticipant sur les décisions du Parlement, une initiative réellement critiquable.

Au cours de la discussion des amendements que nous avons cités, l'attitude du cabinet ne fut guère heureuse non plus, nous pouvons le dire sans faire œuvre de partialité.

Ainsi que nous l'avons exposé au cours de notre première partie, il est plus que légitime qu'un chef de gouvernement ne cède pas devant les sommations des démagogues ; ayant en mains la destinée du pays, il a le devoir de combattre et de repousser l'adoption de mesures qui peuvent porter atteinte à la prospérité de l'industrie ; il ne sort pas de son rôle en agissant de la sorte.

Malheureusement pour le cabinet qu'il dirigeait, la position prise par M. de Smet de Nayer parut bien plus inspirée par le fonds de ses idées politiques et personnelles que par le souci des intérêts économiques de la Belgique ; adversaire de toute réglementation, champion de la liberté individuelle, après plus d'un mois de discussion, voyant les débats prendre une allure toute différente de celle qu'il pouvait supposer, sentant la Chambre lui échapper devant sa résistance inutile et ses armes insuffisantes, il se rallie à une enquête qui, selon lui, permettra de résister victorieusement aux mises en demeure de ses adversaires.

Cette retraite inopinée avait été mal préparée, elle fut vite transformée en déroute.

Dans le pays, la proposition d'enquête Neujean valut au cabinet les plus vives attaques ; radicaux et socialistes reprochèrent au parti conservateur de vouloir par tous les moyens entraver les travaux de la Chambre et retarder le vote de la loi.

Les Représentants n'ayant pas arrêté la discussion des amendements, ce reproche n'était pas fondé, l'enquête ayant été dans ces conditions, au cours des vacances menée parallèlement aux travaux parlementaires.

Plus grave est le reproche qui fut fait au cabinet pour son dernier acte, posthume si l'on peut dire.

Le vote sur l'ensemble avait eut lieu le 12 avril 1907, le cabinet donna sa démission le lendemain et le 14 du même mois parut au *Journal officiel*, un arrêté de retrait du projet de loi sur les mines, daté du 11.

Ce procédé souleva dans le pays de nombreuses protestations. La théorie soutenue par les partis victorieux était celle-ci : « à la suite du vote de la Chambre, depuis le vote des amendements, le projet œuvre du gouvernement ne lui appartient plus ; le pays est saisi, les Représentants ont adopté, la dernière parole appartient désormais au Sénat ! » (1).

1. Journaux : *La Belgique*, Bruxelles, 26 avril 1907. — *Le Peuple*, 24 avril 1907.

Le retrait, d'après ce raisonnement était illégal au point de vue constitutionnel, le projet appartenant au Sénat et le roi ne pouvant refuser sa sanction qu'après le vote de cette assemblée (1).

La critique paraît sérieuse, et la manœuvre du cabinet démissionnaire, considérée sur ce terrain, a bien plus le caractère d'une dernière manifestation morale que d'un acte véritablement politique ; pour qu'elle fût couronnée de succès, il eût fallu que la succession se fut ouverte au profit d'un ministère exactement de même nuance ; capable de faire plier devant lui le Parlement, là était la question.

Nous savons que depuis 1884 les groupes de gauche, libéraux ou doctrinaires, radicaux ou progressistes, n'avaient pu ravir le pouvoir au parti catholique, en dépit de leurs tentatives de coalition.

Malgré les élections de 1904 qui avaient permis aux catholiques de conserver la prédominance, les radicaux avaient eu l'impression qu'ils pourraient former le groupe le plus nombreux, si la majorité échappait à leurs adversaires ; ils comprenaient toutefois qu'ils ne pourraient être assez forts, qu'en s'unissant aux socialistes.

On vit donc les deux partis se rapprocher et voter ensemble au cours des deux sessions suivantes ; au fur et à mesure que s'approchait l'échéance électorale, la gauche radicale manifestait de plus en plus aux socialistes le désir de s'entendre avec eux.

1. Journal *Le Temps*, Paris, 20 avril 1907.

D'autre part la droite se désagrégeait et l'on avait vu M. Beernaert (1) se mettre à la tête d'un groupe dissident, cette scission devait servir l'opposition.

Les élections de 1906, sans affermir la situation du parti catholique, la maintinrent néanmoins.

Le ministère de Smet de Nayer rencontra des adversaires dangereux dans les transfuges de la « jeune droite », ou droite dissidente, conduite par MM. Helleputte, Beernaert et Verhægen ; deux de ces noms nous sont déjà suffisamment familiers pour qu'il soit superflu d'insister.

En faisant l'analyse des débats parlementaires de la revision des lois sur les mines, nous avons vu que les votes antérieurs aux élections n'avaient pas modifié les principes des concessions qui continuaient à pouvoir être attribuées à perpétuité.

Les concessions faites de cette façon par le gouvernement furent dénoncées en termes violents par l'opposition comme portant atteinte à la dignité parlementaire (2). Le ministre en rejeta la faute sur la lenteur du Parlement et invoqua la nécessité de mettre en exploitation les houillères dont il s'agissait, néanmoins le ministère dut se contenter d'un ordre du jour pur et simple, qui ne fut voté qu'à 4 voix de majorité.

---

1. L'attitude de M. Beernaert fut fort critiquée par le parti conservateur belge ; adversaire de la réglementation, alors qu'il était premier ministre, il évolua par la suite, et présenta l'amendement que nous avons cité. Voir p. 122, ci-dessus.

2. Voir ci-dessus, p. 135 à 137.

Tandis que ces concessions avaient été accordées sous le régime de l'ancienne loi, d'autres pouvaient l'être, peu de temps après, sous celui d'une loi très différente, ou alors, pour éviter cette contradiction, on devait être conduit à donner à la loi nouvelle un effet rétroactif.

C'est principalement à propos de l'amendement Beernäert que se manifesta la défection d'une partie de la droite. Le futur cabinet avait donc à compter avec cette défection de la droite catholique ayant à sa tête Beernäert.

La crise qui s'ouvrit en 1907 était inévitable, elle avait surtout sa véritable raison d'être dans cette dislocation de la droite et la formation dans son sein du groupe démocrate de la « jeune droite ».

Mais celle-ci, malgré l'appoint occasionnel des voix de gauche, n'était pas en nombre suffisant pour grouper une majorité (1).

Ce fut donc encore dans une concentration de la droite que l'on dut chercher la solution de la crise, concentration mitigée néanmoins, puisqu'elle dut comprendre, dans le nouveau cabinet, MM. Helleputte et Hubert, adversaires de la veille.

Les causes de cette crise doivent être imputées tant

---

1. Journal *Le Temps* Paris, 13 avril 1907.
« La jeune droite n'a que vingt membres, ce n'est pas assez pour gouverner. »

au mouvement politique que nous avons décrit, qu'au caractère du premier ministre.

Alors que ses prédécesseurs s'étaient montrés conciliants, évoluant avec les idées du pays, sachant dans la mesure du possible faire les concessions nécessaires quand bien même elles auraient été en antagonisme avec leurs idées personnelles, M. de Smet de Nayer, docile aux volontés du roi, ministre dévoué, mais rendu autoritaire par la longue durée d'exercice de son pouvoir, était devenu dédaigneux de sa majorité (1).

Son caractère autoritaire l'avait empêché de se rendre compte des nouvelles tendances du peuple belge, la nouvelle orientation de la droite au lieu de l'éclairer n'eut pour résultat que de l'exaspérer.

Si au point de vue politique la jeune droite tentait une manœuvre, intéressée ou non, mais avantageuse de toute manière au parti et à ses chefs, cette manœuvre répondait à une évolution des idées qui n'était pas à dédaigner ; le vote définitif des représentants en fit la preuve.

Il ne faudrait pas non plus être trop sévère pour ce vieux cabinet, lui faire des reproches qu'il ne mérite peut-être pas, et mettre sa défaite sur le compte d'un défaut momentané de perspicacité.

En présence des amendements, soutenus par d'importantes fractions de la Chambre des Représentants,

1. *Le Temps*, 13 avril 1907.

la situation du premier ministre était fausse, vieil adversaire du principe de la réglementation du travail des adultes, alors que ses idées sur cette manière étaient depuis longtemps connues, il lui eût été difficile et il eût été vraiment peu digne de sa part de faire brusquement volte-face : sa conduite aurait été odieuse et susceptible de donner les doutes les plus légitimes sur sa sincérité.

L'homme de gouvernement n'a plus la liberté d'action de l'homme politique ; son attitude, sa ligne de conduite doivent présenter un certain caractère d'unité nécessaire à la bonne marche des affaires ; surpris par les amendements, le cabinet a été enserré, il n'a plus eu la liberté de ses mouvements, il n'y a donc pas lieu de s'étonner qu'il ait recherché dans l'enquête Neujean la transaction qui lui aurait permis, en présence de faits établis, de se rallier, dans une certaine mesure, aux idées de ceux qui avaient dirigé l'attaque.

Toute évolution ayant été rendue impossible par la décision de la Chambre de ne pas surseoir à la discussion, la condamnation était prononcée (1), le ministère se trouvait enfermé dans une impasse, il devenait donc

1. « Si l'on ne peut méconnaître le désir de la Chambre de prendre en considération le principe de la réglementation du travail des adultes, on doit cependant voir surtout dans le résultat de ces débats le désir de mettre en d'autres mains la direction des affaires du pays ; depuis deux ans, en effet, c'est à grand'peine que le gouvernement se maintenait - l'occasion était propice, on en a profité. » Comité central des Houillères de France. Circulaire n° 3351, 16 avril 1907.

évident que seul un cabinet nouveau pouvait assister à la suite des délibérations sur la réforme minière.

Le roi fit appel à M. De Trooz (1), ancien ministre de l'Intérieur du précédent cabinet ; celui-ci accepta la succession qui lui était offerte ; bien que sa situation comme chef du nouveau gouvernement fût extrêmement délicate, puisqu'il avait contresigné l'arrêté de retrait du projet de loi sur les mines.

Quand M. De Trooz se présenta devant les Représentants, la séance fut tellement orageuse qu'elle dut être suspendue (2). Le premier ministre put enfin faire reconnaître la légalité du retrait de la loi minière et obtenir un vote de confiance.

Malgré les sombres pronostics qui accueillirent l'arrivée au pouvoir de ce ministère, il a pu soutenir devant le Sénat, au cours de la session 1907-1908, le projet sur les mines ; « un ministère de Trooz durera peu, » disait le journal *La Belgique* le 26 avril : M. De Trooz est décédé subitement aux premiers jours de 1908, quelques heures après son collègue français de la Jus-

1. *Le Temps*, Paris, 20 avril 1907 « La Crise belge ». « M. de Trooz, ministre de l'Intérieur et de l'Instruction publique du précédent cabinet, bien qu'il ait contresigné l'arrêté de retrait, n'est pas engagé dans la querelle de la jeune et de la vieille droite. »

2. *Annales parlementaires* (cit.), 7 mai 1907, p. 947, col. 1.
Interpellation sur l'arrêté de retrait.
M. Furnémont : « Le Parlement a été placé dans une situation ridicule, nous avons délibéré, le 12, pendant toute une séance sur un projet retiré depuis la veille. »

tice M. Guyot-Dessaigne et dans des circonstances analogues ; le cabinet qu'il avait formé ne porte plus son nom, il dure encore néanmoins (1) et dirigé par M. Schollaert qui en raison de ces nouvelles fonctions a dû abandonner la présidence de la Chambre des représentants (2).

1. Décembre 1908.

2. *Le Temps*. Paris, 13 avril 1907. « La Crise » « Par son caractère modéré M. Schollaert paraît bien qualifié dans les circonstances actuelles pour former un cabinet ; sa haute situation nous permet pourtant de douter qu'il assume cette charge. »

CHAPITRE IV

TRAVAUX LÉGISLATIFS

II

Sénat de Belgique

La limitation du travail des adultes devant le Sénat. — L'amendement Bonnaërt. — Mesures concernant les femmes et les enfants.

Malgré la crise ministérielle et l'arrêté de retrait, le projet de loi sur les mines ne tarda pas à être présenté au Sénat ; dès le 7 mai 1907, la Haute-Assemblée saisie, suivant l'usage traditionnel, par la transmission effectuée par la Chambre, était également saisie par le cabinet (1).

La réforme minière ne trouva pas le Sénat sans préparation, il avait déjà étudié les propositions de M. Han-

1. Tout en maintenant le retrait du projet de loi présenté par le cabinet de Smet de Nayer, projet que le gouvernement considérait comme non avenu en vertu de l'arrêté royal du 11 avril 1907, le nouveau cabinet déposa au Sénat un texte identique à celui voté par la Chambre.

rez ; cette étude avait été interrompue à la demande du cabinet qui avait décidé de présenter un projet.

Le projet du gouvernement, à raison des dispositions fiscales qu'il contenait dut pour ce motif être d'abord soumis à la Chambre des Représentants ; le retour du texte examiné par l'autre assemblée fit rentrer le Sénat en possession d'un domaine « QU'IL S'ÉTAIT RÉSERVÉ » selon les paroles du rapporteur, M. Emile Dupont, vice-président du Sénat (1).

Bien que la question agitée fût la plus grave qui se fût présentée depuis plus de trente ans (2), son examen fut beaucoup plus rapide devant la Haute Assemblée qu'à la Chambre des Représentants : commencée le 13 décembre 1907, la discussion fut close le 13 février suivant.

En votant l'article 36, amendé par M. Beernaert, la Chambre des Représentants, à défaut d'une loi spéciale relative à la durée du travail dans les mines, avait adopté un texte incident, un texte d'attente.

Dans son développement la dernière rédaction de l'article 36 ne s'écartait guère de la proposition de M. Helleputte de 1895, déléguant au roi la détermination du maximum de la journée de travail des ouvriers employés dans l'industrie.

Nous avons vu que cette proposition, encore à l'étude

1. *Annales Parlementaires*. Sénat, 1907-1908. Document, no 5, 12 novembre 1907, p. 6.
2. Discours de M. Vandenpeereboom. Sénat, 21 janvier 1908.

en 1907, avait seule été prise en considération par la section centrale, chargée de son étude, alors que les autres textes, plus impératifs, fixant directement une limite, avaient été rejetés ; à l'occasion de la disscusion de la réforme minière, le texte de M. Helleputte, modifié par M. Beernaert, fut spécialisé et adapté à l'industrie des mines.

L'enquête ordonnée par la Chambre sur la proposition de M. Neujean n'ayant pas encore pris fin, le Sénat considérant que cette enquête était, sans doute, nécessaire pour élaborer dans tous ses détails la loi générale applicable au pays entier prévue et presque annoncée par l'article 36, considérant d'autre part qu'elle n'était pas indispensable pour autoriser le gouvernement à prendre après avis des corps compétents une mesure limitée aux travaux intérieurs d'exploitation dans les mines du bassin du Nord, ne s'arrêta pas à l'objection présentée par certains membres de l'Assemblée. Ceux-ci, en effet, estimaient que l'article 36 préjugeait en réalité la décision sur la question toute entière, que la mesure une fois admise ne pourrait être limitée aux provinces de Limbourg et d'Anvers : que, du reste, pour ces deux provinces plusieurs années s'écouleraient probablement encore avant que les concessions y soient « effectivement » en exploitation : que dès lors il y aurait lieu de chercher à profiter autant que possible des renseignements utiles à fournir par l'enquête minière au point de vue social et économique.

Quel que fût son désir de profiter des recherches qui devaient être faites par les hommes les plus compétents, des renseignements nombreux qui devaient être réunis, des déclarations des témoins, patrons et ouvriers, la Haute Assemblée décida de commencer immédiatement l'examen du projet de loi, chargeant la Commission de se tenir au courant de la marche de l'enquête et de lui fournir au besoin un rapport complémentaire, dès que les conclusions en auraient été connues.

A dire vrai, il importait peu au Sénat que les résultats de l'enquête fussent publiés ou non au cours de ses travaux ; la Chambre des Représentants, dessaisie par l'arrêté de retrait du projet sur les mines, devait de toute manière, que le texte fût modifié ou non par la Haute-Assemblée, le discuter à nouveau, dans un avenir plus ou moins proche, puisqu'elle avait alors à voter le budget et à étudier la question congolaise ; pendant ce temps l'enquête pourrait se terminer (1).

Sûr que la réforme minière ne pourrait venir en discussion à la Chambre avant la session 1908-1909, le Sénat se livrait à une manifestation platonique devant le pays : il désirait avant tout ne pas passer pour avoir voulu retarder l'étude du projet qui lui était soumis.

En présence des concessions minières faites en 1906, l'article 36, tel qu'il avait été voté par les Représentants, devenait d'une application difficile, étant donné que la

1. Voir note 1, p. 146, ci-dessus.

plus grande partie du nouveau bassin en vue duquel l'amendement de M. Beernaert avait été adopté avait déjà été concédée par le précédent cabinet.

Pour que l'article 36 fût applicable, il aurait fallu lui donner effet rétroactif, puisqu'il avait été entendu que les anciennes concessions resteraient, jusqu'au vote d'une loi spéciale, en dehors de l'application de l'article 36 (1).

Cet article amendé, différent des autres textes qu'il avait fait écarter, n'établissait pas, à proprement parler, la réglementation du travail de l'adulte. Il constituait une mesure spéciale prise en faveur des populations agricoles de la Campine, non encore habituées aux travaux des mines, si peu semblables par les conditions dans lesquelles ils s'exercent aux travaux des champs, aux travaux de la surface du sol.

Réduit à ces proportions, l'article 36, laissant de côté le principe de la réglementation, se réduisait à une mesure d'acclimatation, prise en faveur de nouveaux ouvriers, protection bien frêle, si l'on pense aux conditions fixées pour son application (2).

Afin de comprendre dans l'application de l'article 36

1. Session 1907-1908. Séance du 21 janvier 1908.
Discours de M. Vandenpeereboom : « L'article 36 ne doit s'appliquer qu'à l'avenir aux mines nouvelles. »
Discours de M. Verbeke : « On légifère pour l'avenir, pour des mines nexistantes. »

2. Sénat, 22 janvier 1908.
Discours de M. De Bast : « Le texte est inapplicable, le Conseil des mines étant opposé à toute limitation. »

toutes les mines du bassin de la Campine concédées, antérieurement ou postérieurement au vote de la loi, M. Bonnaert présenta un amendement donnant effet rétroactif à cet article.

Voici le texte de cet amendement :

« Aux fins de sauvegarder la santé des ouvriers et d'empêcher l'abus de leurs forces, le Gouvernement fixera par disposition générale et spéciale, après avis du Conseil des Mines, des Sections compétentes des Conseils de l'Industrie et du Travail et du Conseil Supérieur du travail, la durée quotidienne du travail, à l'intérieur des mines de combustibles concédées postérieurement au 7 février 1905. »

L'amendement fut critiqué par tout le monde au Sénat ; si une partie de la droite y discernait l'apparition du principe d'intervention, une autre partie le considérait au point de vue où nous nous sommes placés, comme une mesure temporaire, exceptionnelle, « d'acclimatation » (1).

Moins animée qu'à la Chambre des Représentants, la discussion de l'amendement donna lieu néanmoins à de très intéressants développements sur la question de principe de la limitation légale du travail des adultes.

Parmi les partisans, Mgr Keesen, mit sa belle érudition au service d'une cause généreuse ; après avoir

1. Sénat, 23 janvier 1908.
Discours de M. le rapporteur Dupont : « Je ne voterai pas un texte qui conduit à l'arbitraire gouvernemental. »

longuement rappelé l'encyclique, il ne craignit pas d'aborder la question sur le terrain juridique (1).

...Qu'on ne nous oppose pas, Messieurs, une question de principe juridique. Le principe de la réglementation est depuis longtemps entré dans l'arsenal de nos lois, il y figure sous des formes multiples :

D'après l'article 1780 du Code civil « on ne peut engager ses services qu'à temps ou pour une entreprise déterminée ».

Un savant économiste, doublé d'un jurisconsulte, M. Paul Cauwès, professeur à la Faculté de droit de Paris, fait au sujet de cet article une observation très judicieuse :

« Si la durée totale de l'engagement ne dépend pas de la volonté arbitraire des parties, on comprend aussi que la durée du travail exigible par unité de temps, soit également limitée par la loi. » En d'autres termes s'il compète à l'Etat de légiférer sur la durée totale de l'engagement, pourquoi ne pourrait-il connaître de sa durée journalière ? Ce n'est plus une question de principe, mais de plus ou de moins, une affaire de quantum...

Un grand intérêt social est ici en jeu. Un ouvrier qui a le temps de s'initier aux connaissances que sa profession réclame raisonne son travail et en augmente tous les jours la productivité. Il n'est pas un industriel qui contestera ce fait (2).

1. *Annales parlementaires.* Sénat, 1907-1908, 13 décembre 1907, p. 106, col. 2.

2. *Annales parlementaires* (cit.), p. 108, col. 1.

Voici une autre considération d'une portée plus considérable. La société domestique est le point de départ et le fondement de la société civile. Sans la vie familiale, une nation ne sera jamais florissante. C'est au foyer que l'homme puise les fortes vertus qui font la gloire et la grandeur des peuples. L'ouvrier attaché à son intérieur est la colonne de l'Etat et le soutien de l'ordre public. Une race qui veut s'élever dans le monde doit veiller à ce que le prolétaire en sortant de la mine, dispose de quelques heures pour prendre contact avec les siens ; sinon, elle marche fatalement à la décomposition et à l'anarchie.

« L'évolution des législations étrangères, dit M. Paul Cauwès, stimulée par un puissant mouvement d'opinion, se fait vers la réglementation. Elle vise non seulement à protéger la santé de l'ouvrier, mais à faciliter par la reconstitution de la vie du foyer le relèvement moral et intellectuel des travailleurs. »

Un illustre démocrate anglais, le cardinal Manning a écrit une page remarquable dont je veux vous donner lecture.

« Si le but de la vie est de multiplier les mètres de toile et de coton tissé, si la gloire de l'Angleterre consiste à en produire indéfiniment, au plus bas prix, afin d'en revendre à toutes les nations, résignons-nous.

« Mais si la vie d'un peuple doit être le principe vital, si la paix, la pureté du foyer, l'éducation des enfants, les devoirs des époux et des mères, ceux des maris et des frères doivent être inscrits dans les lois naturelles de l'humanité, si ces choses sont sacrées au point de dominer tout ce qui peut être vendu au marché, je répète que les heures de travail résultant de la vente irrégulière de la force et de l'adresse de l'homme conduisant à la destruction de la vie domestique, à l'abandon des enfants, aiderait à transformer les époux et les mères en machines vivantes, à transformer les pères et les maris en bêtes de somme, qui se lèvent avant le soleil et rentrent au logis lorsqu'il se couche, exténués, à peine capables de prendre leur nourriture, je déclare que la vie domestique est atteinte dans son existence. »

La défense des adversaires de la réglementation fut plus molle au Sénat qu'à la Chambre des Représentants, nous en trouvons la preuve dans la conclusion du discours de M. Magis, qui parla en faveur des ouvriers soucieux de conserver toute leur liberté.

Ne l'oublions pas, disait-il (1), nous sommes un pays d'exportation, nous ne pouvons lutter avec nos puissants voisins que grâce au bas prix de nos produits! Les frontières nous sont pour ainsi dire fermées de tous côtés, alors que nos concurrents peuvent venir vendre librement leurs produits chez nous.

L'augmentation de nos prix de vente, ce serait la concurrence facilitée chez nous aux produits étrangers, c'est notre exportation compromise.

S'il y a une classe intéressée à la prospérité de notre industrie, c'est avant tout la classe ouvrière, c'est son intérêt que

---

1. *Annales parlementaires* (citées), 20 décembre 1907, p. 184, col. 2.

je défends, en me plaçant dans cette question au point de vue des faits, autant que des principes.

Un grand nombre d'ouvriers désirent rester les maîtres de leur liberté !

Beaucoup d'entre eux, tout en réclamant le maintien de la liberté, voudraient voir imposer l'obligation pour les directeurs de charbonnages de mettre la cage de remonte à la disposition des ouvriers qui ne désirent pas prolonger leur travail au delà de huit heures de séjour.

C'est reconnaître la liberté, c'est la revendication du droit d'accomplir un travail prolongé par ceux qui le désirent, c'est la liberté pour tous !

Entre l'ouvrier qui réclame le droit de gagner sa vie, comme il lui convient et celui qui veut que la loi entrave sa liberté, je n'hésite pas, je me range du côté du premier, et en le faisant je crois défendre, comme ils le méritent, les véritables intérêts de la classe ouvrière, en même temps que ceux auxquels ils sont liés, de l'industrie nationale !

Nous n'avons pas l'intention de reprendre par le détail toute la discussion du principe de la réglementation devant le Sénat, nous serions trop exposés à des redites, les deux partis ayant à nouveau fait valoir les arguments que nous avons fait connaître en analysant les travaux de la Chambre des Représentants ; qu'on nous permette encore pourtant de citer brièvement un passage du discours du Sénateur socialiste Picard, l'homme si indépendant, le philosophe, dont on a pu dire justement qu'il était le seul de son parti.

La question de la limitation des heures de travail des adultes, posée depuis longtemps, voit sa solution se différer sans cesse (1).

Il s'est alors produit un phénomène qui devrait servir de leçon, c'est que lorsque la solution n'apparaît pas à temps, un dogme se forme, c'est-à-dire une de ces conceptions auxquelles plus tard, alors même qu'on y découvre une erreur, il n'y a plus moyen de résister. Ce dogme, c'est celui de la journée de huit heures. On la veut, non seulement dans les mines, mais partout, et cette réforme, étant données les puissances qui sont aujourd'hui à la disposition de la classe ouvrière, semble réussir malgré tout.

Quand on y refléchit on se demande si cette formule : huit heures pour le sommeil, huit heures de travail, huit heures de repos n'a pas exercé sur la masse la séduction de la symétrie arithmétique !

Ne serait-il pas plus conforme à la réalité de dire : pour le sommeil : sept heures, pour le repos : huit heures, pour le travail : neuf heures ?

Si dès l'origine la classe industrielle bourgeoise, s'était occupée de plus près de la question, il aurait pu se faire qu'au lieu des trois huit, on eût dit, sept, huit, neuf, formule qui a également un aspect arithmétique ne manquant pas de joliesse et aujourd'hui, dans les mines on demanderait la journée de neuf heures que probablement tous vous accepteriez !

---

1. *Annales parlementaires* (cit), 22 janvier 1908, p. 210, col. 1.

Mais. on résiste, la nature aime les résistances, les malentendus. les lenteurs ; cela semble entrer dans le plan du monde : pourquoi ? Je n'en sais rien, je ne puis que le regretter et le constater !

Le 23 janvier vit clore la discussion ; quelques membres de la droite craignaient encore en votant l'amendement d'ouvrir la porte à la réglementation du travail des adultes, la gauche trouvait le texte ambigu, insuffisant, elle s'y rallia néanmoins comme pis-aller, le vote eut lieu dans ces conditions, sans grande passion, sans enthousiasme, presque à contre-cœur.

Personne n'était satisfait, bien peu osaient se dire mécontents.

Interventionnistes et non interventionnistes se trouvant ainsi réunis sur un texte qu'ils n'approuvaient ni ne répudiaient pleinement, l'adoption fut prononcée par 48 voix contre 9 ; 10 Sénateurs s'étant abstenus : au vote sur l'ensemble, en seconde lecture le 13 février, le projet de loi sur les mines fut adopté par 62 voix et étendu aux minières et carrières.

La réglementation de la journée de travail limitée à huit heures dans les mines avait échoué ; elle n'est pas mentionnée même par allusion dans l'article 36 : « il ne s'agit là que de l'approbation d'un principe » lisons-nous dans la *Réforme économique* (1).

---

1. *Réforme économique*, 21 février 1908, n° 7, p. 204, col. 2.

Tel n'est pas notre avis ; c'est bien le contraire d'un principe qui a été établi par l'article 36, puisqu'il ne s'agit que de mesures exceptionnelles, éventuelles, subordonnées à certaines conditions laissant en dehors de leur application la grande masse des travailleurs de la même industrie, jugés suffisamment aptes et forts pour pouvoir dispenser librement leur travail, sans que la loi ait à intervenir pour les protéger sous son égide tutélaire.

Si, comme le dit la *Réforme économique*, un principe a été approuvé par le Parlement ; ce principe n'est pas nouveau et est consacré depuis lontemps déjà en Belgique, c'est celui qui veut que l'Etat accorde sa protection aux travailleurs qui se trouvent dans des conditions exceptionnelles de faiblesse et d'infériorité ; et quand bien même dans un avenir prochain, la loi votée, le gouvernement après avis conforme des corps compétents prendrait les arrêtés prévus par l'article 36, nous ne voyons pas en quoi le principe de réglementation du travail de l'adulte aurait progressé dans le pays, par le fait qu'une mesure temporaire, prise en faveur de la population d'une région, aurait provisoirement limité le travail dans les concessioos nouvelles.

On objectera que le caractère du provisoire est de durer et que l'on ne pourra retirer ce qui aura été accordé ; la durée de la journée constituant une des principales bases du contrat de travail, toute modification apportée aux conventions faites entre les parties aurait pour résultat d'amener la revision de ce contrat et de déterminer des crises sérieuses dans l'exploitation des mines du Limbourg ; on peut donc considérer que les mesures prises, au début de l'exploitation des nouvelles concessions, seront nécessairement maintenues dans la suite, par l'usage.

Quels que puissent être, dans les faits, les résultats de l'application de l'article 36, l'idée à laquelle nous nous attachons, c'est de rechercher si oui ou non il consacre comme le dit la *Réforme économique* le principe de la limitation du travail de l'adulte.

Cet article procède des idées qui ont fait admettre en Belgique la limitation des heures de travail des adolescents.

La loi protège l'apprentissage de ceux-ci, elle supplée à leur faiblesse physique et intellectuelle, à leur ignorance des travaux qu'ils n'ont pas abordés ; le Parlement a voulu de même accorder un traitement analogue et approprié aux paysans de la Campine ; il ne s'agit pas ici de quelques individus isolés inintellegents ou sans instruction, dispersés sur tout le territoire de la Belgique, mais de toute la population laborieuse d'une région jusqu'à ce jour agricole, qui, en face de l'attrait d'un travail nouveau, inconnu, se trouve insuffisamment éclairée sur ses fatigues et ses dangers.

L'appât d'un gain plus fort que celui fourni par l'agriculture peut influencer l'esprit du paysan et lui faire inconsciemment accepter des besognes trop rudes, capables d'altérer sa santé. En donnant au gouvernement la faculté de restreindre la durée du travail dans les nouvelles concessions, le Parlement a voulu remédier à l'inexpérience du paysan du Limbourg et le protéger, tout comme la loi l'avait déjà fait pour les adolescents.

Là est le véritable caractère de l'article 36.

La solution de la question de la réglementation du travail de l'adulte dans les mines a été différée par le Parlement belge au cours de la dernière session, l'on peut donc dire que le principe de la liberté du travail est sorti intact des discussions ; en laissant la porte ouverte à la réglementation du travail des concessions du bassin nouveau, l'Etat, outre son droit général de tutelle et de police consacré par la loi de 1810 et le décret de 1813, n'a fait autre chose que d'inscrire une condition supplémentaire au cahier des charges des nouveaux concessionnaires.

Libres d'accepter ou de rejeter en bloc les conditions qui leur sont offertes, ils n'ont pas lieu de se plaindre des restrictions imposées à l'exercice de leur exploitation ; néanmoins parmi ces derniers, beaucoup qui ont obtenu dans le bassin nouveau des concessions à une époque antérieure au vote de la loi, pourront se dire lésés par les arrêtés que pourrait prendre le gouvernement.

Dans l'effet rétroactif donné à l'article 36, il faut voir une protestation de la part du Sénat contre la légèreté avec laquelle furent accordées les nouvelles concessions au cours de l'année 1906 : la Haute-Assemblée n'a pas voulu laisser en dehors de l'application de cet article les mines concédées hâtivement au cours des discussions parlementaires sur la réforme des lois de 1810 et de 1837.

L'article 36, tel que nous le comprenons, ne consacre donc aucun privilège nouveau : et si l'on tient absolument à employer l'expression adoptée par la *Réforme économique* il faut dire, en tenant compte des nombreuses conditions dont se trouve entourée cette éventuelle réglementation, que le Parlement a émis un vote de principe, le mot principe étant pris dans un sens objectif et qualifiant un de ces votes sur la portée desquels on peut se méprendre, mais qui en réalité n'ont que la valeur d'une manifestation purement platonique, non suivie d'effet.

Si les mesures proposées en faveur du personnel adulte ont rencontré une forte opposition devant les Chambres, il n'en a pas été de même des mesures concernant les femmes et les enfants.

L'article 34, achevant l'œuvre poursuivie en 1889, ne se contente pas comme cette dernière loi de fermer aux jeunes filles l'accès des galeries souterraines ; il fait sortir de la mine les dernières femmes qui y étaient employées et qu'en raison de leur âge déjà avancé et du métier choisi par elles l'article 9 du texte de 1889 y avait laissé travailler, par humanité, afin de ne pas les priver d'un gagne-pain assuré.

Nous avons vu qu'en 1907 il ne restait plus que 24 femmes employées aux travaux souterrains des mines (1), le nombre en ayant constamment diminué depuis 1889, époque à laquelle l accès des travaux souterrains fut interdit aux jeunes filles de moins de vingt et un ans : l'article 34, à la suite de cette longue période de transition, décide qu'à partir de la troisième année qui suivra la promulgation de la nouvelle loi, les femmes ne pourront être employées aux travaux du fonds.

Par suite du chiffre restreint de ce personnel, nous n'insistons pas sur la portée de cet article.

En ce qui concerne les enfants, nous avons regretté que la loi autorisât leur emploi aux travaux souterrains dès l'âge de douze ans en Belgique (2), et nous inspirant des vœux émis par la conférence de Berlin, nous souhaitions que leur admission fût reportée à l'âge de seize ans ; l'article 34 du nouveau texte belge donne en partie satisfaction à ce désir, après avoir interdit l'emploi des femmes ; il applique la même interdiction à l'emploi des garçons âgés de moins de quatorze ans (3).

---

1. Voir ci-dessus p. 31 à 32.
2. Pages 72 à 76 ci-dessus.
3. Actuellement il y a dans les mines du pays environ 2.300 ouvriers de moins de quatorze ans sur 98.000 ouvriers de fond. Certains exploitants ont émis des craintes quant à l'influence nuisible de cette mesure

Ces mesures viendront heureusement compléter la législation antérieure, mais si elles limitent le nombre des personnes qui peuvent être employées aux travaux souterrains des mines, en exigeant certaines conditions d'âge et de sexe, elles n'ont pas pour résultat de limiter la durée de la journée de travail qui demeure réglementée par la loi de 1889 et le décret de 1893.

En présence du supplément d'information demandé par le cabinet de M. de Smet de Nayer par la voix du Représentant Neujean, les Chambres ont sursis à la limitation de la journée de travail de l'adulte si vivement réclamée par les représentants des pays miniers.

Cette enquête n'aura sans doute pas d'influence sur le vote de la loi, dont nous nous occupons, les Chambres s'étant arrêtées à des mesures transactionnelles et se proposant de faire de la limitation du travail, quand elles en jugeront le moment venu, l'objet d'un texte spécial ; on peut donc affirmer avec certitude que la proposition Helleputte, qui au cours de l'année 1907 a tenté de se glisser dans la discussion de la loi sur les mines, par voie d'amendement, reverra le jour prochainement.

Connaissant les limites déjà apportées à l'exercice de

---

sur le recrutement et la formation de la main d'œuvre déjà si rare; mais si l'on arrive à l'instruction obligatoire jusqu'à quatorze ans, comme c'est à prévoir, l'industrie des mines sera sur le même pied que les autres. Comité Central des Houillères de France, 10 juin 1907. Circulaire n° 8377.

l'exploitation des mines dans l'ordre de la réglementation du travail des enfants, des adolescents et des femmes, nous aurons à examiner si la limitation du travail des adultes peut être instituée, sans nuire à la prospérité de l'une des industries qui commandent la richesse de la Belgique, et si malgré les décevantes prophéties de ses économistes la journée de huit heures y peut être appliquée ; nous utiliserons pour compléter cette étude les données de l'enquête commencée l'an passé.

TROISIÈME PARTIE

LE MARCHÉ CHARBONNIER BELGE
ET LES CONSÉQUENCES
DE LA LIMITATION LÉGALE DES HEURES
DE TRAVAIL
DES OUVRIERS MINEURS ADULTES

CHAPITRE PREMIER

L'ENQUÊTE SUR LA DURÉE DU TRAVAIL DES ADULTES DANS LES MINES DE COMBUSTIBLES

1907-1908

Dépositions patronales et ouvrières. — Griefs réciproques des intéressés. — Le chômage du lundi. — Les Quarts supplémentaires — Réductions de la journée de travail consenties depuis 1889, par les Chefs d'exploitations, soit spontanément, soit à la suite de grèves.

Pendant que se poursuivaient les votes du Sénat, que nous avons relatés, il était procédé dans le pays à l'enquête, décidée à la suite du vote de la proposition Neujean.

M. Neujean avait réclamé une enquête parlementaire ayant pour objet « de rechercher les effets économiques de la limitation à huit heures de la journée de travail dans les mines de charbon ».

L'examen de cette proposition en section centrale fit reconnaître qu'il était préférable de substituer à une Commission purement parlementaire une Commission mixte composée pour partie seulement de membres de la législature et pour le surplus de spécialistes en la matière.

Sur l'avis conforme du gouvernement, la Section

centrale proposa de composer la Commission mixte de 23 membres : 11 sénateurs et représentants à désigner dans les divers groupes des Chambres, 3 économistes ou hygiénistes, 3 fonctionnaires ou anciens fonctionnaires, 3 directeurs de charbonnages et 3 ouvriers travaillant encore effectivement à la mine.

Cette commission devait avoir pour mission principale de rechercher si la durée du travail souterrain, tel qu'il est actuellement pratiqué dans les mines de houille, donnait lieu à des abus : dans l'affirmative comment il convenait d'y obvier ; notamment si la limitation légale de la durée du travail était de nature à y porter remède, et dans quelle mesure il y avait lieu de l'appliquer.

La Commission devait en outre rechercher quel serait l'effet probable des mesures préconisées, au point de vue de la production, de la main-d'œuvre et des salaires, aussi bien que sous le rapport de l'hygiène et de la sécurité du travail.

Elle devait enfin examiner la répercussion de ces mesures sur le commerce d'exportation du charbon et sur la situation des autres industries particulièrement tributaires de l'exploitation charbonnière, telles que les industries métallurgiques et les services des transports.

Sur le rapport que nous venons d'analyser, et qui lui fut présenté par MM. De Smet de Nayer, ministre des Finances et des Travaux publics et Francotte, ministre de l'Industrie et du Travail, le roi. par arrêté du 6 avril 1907, institua la commission d'enquête.

Cette Commission siégea du 15 juillet au 24 décembre 1907 ; elle se partagea en trois sous-commissions ; deux siégèrent dans le Hainaut (1), une dans la province de Liége (2).

Cette enquête, dérivatif que le cabinet De Smet de Nayer avait trouvé pour gagner du temps, en présence de la proposition formelle de limitation de la durée du travail des abatteurs dans les mines futures du Nord, proposition présentée par l'un des ministres actuels (3), fut mal accueillie par les compagnies minières, les associations charbonnières et l'industrie en général.

Les représentants des ouvriers mineurs se sont dès l'abord montrés peu partisans de cette enquête : — puis par la suite ils ont vu le parti qu'ils pouvaient en tirer : — les syndicats d'ouvriers mineurs y prirent posture presque officielle en envoyant leurs délégués déposer au nom de leur groupe ; et l'on a vu sur un pied d'égalité déposer les représentants des associations charbonnières d'une part, et, d'autre part, les délégués des syndicats ouvriers, syndicats dont les compagnies minières reconnaissent difficilement l'existence officielle (4).

---

1. Sous-commissions de Mons et Charleroi.
2. Sous-commission de Liége.
3. M. Helleputte, ministre des Chemins de Fer et de la Marine.
4. Comité central des houillères de France, circulaire 3445. 30 septembre 1907.

Jugée à un point de vue objectif, l'enquête aura donc eu ce premier effet moral, favorable aux groupements ouvriers.

Comme il fallait s'y attendre, la majeure partie des témoins ouvriers ont signalé avec plus ou moins d'exagération des griefs locaux concernant une mine, ou certains chantiers d'une exploitation : les directeurs et ingénieurs, de leur côté, sont venus expliquer la nature de ces allégations et souvent les mettre à néant. Néanmoins, dans leur ensemble, les dépositions ouvrières ont présenté, quant aux services des transports, des bois, des lampes et de la préparation des chantiers, des plaintes qui se sont reproduites dans les mêmes termes devant les trois sous-commissions.

Bien qu'il soit très difficile de conclure dans un sens ou dans l'autre en présence de ces allégations et de ces critiques de *l'organisation* du travail dans les mines, — c'est le terme qui a été constamment employé, — il n'en est pas moins vrai que ces déclarations ont frappé certains membres de la Commission.

Il ne faut pas perdre de vue que les sous-commissions ne comptaient chacune qu'un ou deux ingénieurs compétents et que leurs présidents, qui interrogeaient, avaient peine à comprendre le langage spécial des mineurs.

Près de 350 ouvriers ont déposé devant la Commission fractionnée ; et parmi eux un grand nombre de délégués, de groupes d'ouvriers, d'associations ou de syndicats, un petit nombre de témoins, qui ont timidement déposé en leur nom personnel, ont déclaré que l'état actuel ne devait pas être modifié; ce furent des exceptions.

L'organisation actuelle des mines fut particulièrement critiquée par les délégués de certains syndicats, en petit nombre d'ailleurs, qui depuis plusieurs années n'étaient plus ouvriers à la mine. Les dépositions de ces ouvriers, que leurs anciens patrons qualifièrent ironiquement d'«honoraires», furent vivement combattues par ces derniers ; ils s'attachèrent particulièrement à démontrer l'inexactitude de critiques remontant à un temps lointain déjà et qui actuellement n'étaient plus fondées.

A part quelques mesquines vengeances individuelles, les dépositions des ouvriers furent modérées en la forme, on peut même dire qu'elles furent réellement consciencieuses ; mais dans le fond une tendance très nette de généralisation s'y est manifestée ; des faits datant de plusieurs années ont été rapportés et certaines critiques ont été présentées avec un caractère de généralité tel, qu'on ne peut rien en conclure.

Lorsque sur ces critiques des membres de la Commission posaient parfois aux témoins ouvriers des questions économiques ou même des questions concernant la technique des exploitations, le témoin interrompu et perdu dans sa déposition était obligé de répondre que sa compétence n'allait pas jusque là.

Dans une sous-commission de véritables discussions de métier se sont produites entre les témoins ouvriers et un membre du bureau. là n'était évidemment pas le but de l'enquête ; ces faits ne sont pas survenus devant les deux autres sous-commissions.

Alternativement, au cours de la même audience patrons et ouvriers étaient entendus ; 90 directeurs et ingénieurs environ ont déposé ; et tout comme les ouvriers, certains ont parlé au nom des Unions (de charbonnages,) d'autres en leur nom personnel pour leur exploitation : d'autres enfin à un point de vue général se sont donné pour but de détruire les assertions de certains ouvriers qui avaient signalé dans telle ou telle mine des points locaux défectueux.

Les déclarations faites au nom des groupes d'exploitants des mines paraissent avoir été beaucoup moins efficaces que les témoignages apportés par chacun au nom de ses exploitations ; par leur caractère de généralité, par les idées très absolues qui les dirigeaient, elles semblent avoir eu, en fait, bien moins d'action que beaucoup de dépositions isolées.

C'est qu'elles se plaçaient trop directement sur le terrain de la contradiction et apportaient sans démonstration des démentis formels aux allégations des ouvriers.

A part un certain nombre d'exceptions, les dépositions patronales n'ont pas été des études économiques bien étayées.

Pour cette raison, en présence de témoignages contradictoires, les résultats de l'enquête ont été assez imprécis.

Désireuse de contrôler sur place l'exactitude des critiques qui avaient été produites par les témoins ouvriers, la sous-commission du Hainaut (Mons) a effectué deux descentes dans les travaux des mines ainsi qu'elle l'avait promis (1) : ces visites n'ont pas donné les résultats qu'en attendaient les intéressés.

Les ouvriers que la mine retient le plus longtemps sont les hercheurs ou sclauneurs et ouvriers au trait ; les piqueurs ou abatteurs au contraire sont présents au chantier. bien moins longtemps. la durée de leur séjour dans la mine, n'atteint souvent pas huit heures.

La majeure partie des ouvriers déposants étaient des ouvriers piqueurs ou des ouvriers à la pierre. mais non des hercheurs (2) : cela tient à ce que les premiers avaient un intérêt beaucoup plus direct à l'enquête, l'amendement Helleputte n'ayant visé que les ouvriers employés aux travaux d'abatage.

Les témoins ouvriers se sont prononcés presque tous pour la réduction légale de la durée du travail dans les mines ; pour certains, un des motifs qui justifient cette réduction est la fatigue qui caractérise, dans les condi-

1. 13 août 1907. Charbonnage du fief de Lambrechies.
20 août 1907. Puits n° 8-9 de Houssu.
Compte rendu de l'enquête sur la limitation des heures de travail industriel, Bruxelles, 1907, p. 727 à 733.

2. Nom par lequel on désigne les ouvriers employés à pousser les berlaines.

tions actuelles, le métier de mineur ; pour beaucoup d'autres et cela paraît être la majorité, il ne s'agit pas de travailler effectivement moins, mais d'exécuter le même travail en moins de temps.

En contradiction apparente avec les précédents, puisque selon l'expression dont il a été usé, au cours des dépositions, le « mineur rend tout ce qu'il peut » ; ces derniers s'empressent d'ajouter que si la réduction n'est pas actuellement possible c'est que l'organisation du travail est défectueuse et que l'on perd du temps ; ils critiquent alors les services des bois, des lampes, etc... qui d'après eux, créent des retards dans l'exécution du travail ; ils ajoutent enfin que l'on pourrait diminuer les repos.

Etant donné que le temps employé à la descente et à la remonte constitue un élément fixe à déduire de la journée, les repos au contraire, semblent présenter un plus grand caractère de variabilité.

Nous avons vu, tout à l'heure, que patrons et ouvriers s'accordent à dire, dans des buts opposés, que le mineur « rend tout ce qu'il peut », et qu'il travaille « sans répit » : en affirmant ce fait les chefs d'entreprise veulent montrer que toute réduction de la journée diminuerait nécessairement le temps du travail effectif, c'est-à-dire le temps employé à produire ; les ouvriers au contraire, sans nier ce même fait, se plaignent de ce que la journée est trop longue, trop fatigante pour eux, ils demandent donc que la loi limite la durée de leur travail, cette limitation aura, selon eux, pour résultat de rendre l'ouvrage moins pénible, puisque sous peine de voir les frais généraux augmenter, les chefs d'entreprise, seront contraints de modifier et de perfectionner l'ORGANISATION du travail.

Si réellement comme tous les témoins s'accordent à le dire, l'ouvrier donne tout ce qu'il peut dans l'état actuel, les repos sont nécessaires : et ne peuvent donc être réduits comme le proposent les ouvriers ; dans ces conditions on ne s'explique pas la déposition de certains patrons se plaignant de ce que de nombreux ouvriers, multiplient les repos et aillent s'abriter dans les galeries latérales pour passer le temps à manger les nombreuses tartines qu'ils ont emportées ; alors que précisément les ouvriers de leur côté se plaignent d'être, de la part des contremaitres, l'objet d'une surveillance incessante et à ce point exagérée que c'est à peine si on leur laisse le temps nécessaire au « briquet » (1).

Nous sommes heureux de pouvoir signaler ces contradictions, elles expliquent pourquoi l'enquête n'a pu donner de résultats pratiques, par suite du flottement et de l'opposition de témoignages, sincères sans doute, mais conduits par des idées préconçues.

Les mêmes contradictions sont relevées en ce qui concerne le temps employé à la descente et à la remonte ; les ouvriers s'étant plaints de la fatigue que

1. Briquet : en langage de mineur, nom donné à la collation.

leur occasionne la longueur du trajet et le mauvais état d'entretien des galeries : les chefs d'entreprises sont établi que le mineur, après une journée de travail fatigante, mettait beaucoup moins de temps à parcourir le même chemin au retour qu'à l'aller.

Il est donc évident que malgré les éloges qu'ils se sont décernés et qu'ils ont reçus de leurs chefs, mûs par des mobiles intéressés, les ouvriers mineurs belges perdent une partie du temps qu'ils passent dans la mine ; il est alors permis de se demander, si les promesses qu'ils font, seront tenues, ou si à l'avenir la journée limitée quant à sa durée par la loi, continuera de l'être comme en l'état actuel par la mauvaise volonté et l'inertie de certains ouvriers.

La production du charbon, limitée par des pertes de temps quotidiennes, l'est également par des arrêts hebdomadaires.

Le mineur belge chôme, il fait le lundi ; « l'Union des charbonnages, mines et usines métallurgiques de la province de Liége » attribue à chaque ouvrier une moyenne annuelle de quarante jours d'absence. L'association houillère du Couchant de Mons a dressé le tableau de la somme des salaires perdus annuellement par les ouvriers par suite de chômage de 1896 à 1904.

Pendant les dix premiers mois de 1896, l'amende infligée pour absence injustifiée était égale à une journée de travail ; l'article 24 de la loi du 15 juin 1896, par sa mise en application, fit tomber, à partir de novembre 1896, l'amende légalement autorisée au cinquième du salaire de la journée de travail.

En 1896, la somme perdue pour les 27.466 ouvriers des quinze charbonnages de l'association fut de 36.935 fr. 98 ; la somme perdue en 1904 par les 30.912 ouvriers des seize charbonnages de l'association s'éleva à 193.828 fr. 32 (1).

Au dire des sociétés houillères du Couchant de Mons ; le chômage irrégulier, ajouté au repos dominical (2) et au chômage normal des fêtes corporatives reconnues par les chefs d'entreprises absorberait au moins quatre-vingt à quatre-vingt-cinq jours par an ; le travail effectif n'aurait donc lieu au maximum que pendant deux cent quatre-vingt-cinq jours (3) d'après « l'Union des charbonnages, mines et usines métallurgiques de la province de Liège » le nombre annuel des jours de travail ne serait que de deux cent soixante seulement ! (4).

1. Conseil supérieur de l'Industrie et du Commerce : « Limitation de la journée de travail », rapport général de la commission par M. de Smet de Nayer, Bruxelles, 1907, p. 59.

2. Loi du 17 juillet 1905. Avant le vote de la loi, le chômage du dimanche était généralement pratiqué dans les mines et reconnu par les chefs d'exploitations.

3. Les époques normales de chômage sont les dimanches et fêtes légales, les deux jours de carnaval, les lundi et mardi des fêtes locales, le jour et le lendemain de la Sainte-Barbe, patronne des mineurs et le jour de l'an (soixante-cinq journées en tout).

Un grand nombre d'ouvriers s'absentent en outre irrégulièrement le jour du tirage au sort et le lendemain, les lundis et mercredis de kermesses.

4. Conseil supérieur de l'Industrie et du Commerce, « Limitation de la journée de travail ». Rapport des groupes, « Industrie extractive », Bruxelles, 1907, p. 13 et 29.

Ce même ouvrier qui demande la limitation de la journée de travail, sans réduction de salaires limite de lui-même le nombre de ses journées, à ses dépens, on peut donc penser que, s'il demande le maintien des rémunérations actuelles, c'est qu'il compte chômer autant à l'avenir qu'actuellement.

Pourquoi de lui-même le mineur, qui se plaint de la faiblesse de son salaire, perd-il tant de journées au cours desquelles non seulement il ne gagne rien, mais paie l'amende et dans son désœuvrement trouve mille occasions de dépenses ?

« Nous sommes « cassés », épuisés par le travail de la semaine et par les heures supplémentaires que nous fournissons le samedi soir ; le mineur est encore fatigué le lundi, il ne peut pas se lever, la première journée de la semaine devrait donc commencer une heure plus tard.

« D'autre part le chômage engendre le chômage, beaucoup d'entre nous, qui désireraient travailler le lundi ne vont pas néanmoins à la mine ; les chefs de chantier ne savent comment pourra être faite l'exploitation, les équipes se trouvent complétées à l'improviste, et tel qui d'ordinaire est sclauneur ou bouveleur se trouve obligé à manier le pic pour remplacer le camarade absent et à faire un métier qui n'est pas le sien ; ainsi par suite de l'incertitude qui règne sur les conditions du travail du lendemain, le nombre des chômeurs se trouve notablement augmenté.

« Sans doute, il serait préférable de ne pas fournir le

quart de journée supplémentaire qui nous est proportionnellement payé double et de travailler le lundi, mais libres en apparence d'accepter ou de refuser ce travail supplémentaire, il nous est difficile de ne pas nous y soumettre : ceux d'entre nous parmi les abatteurs qui ont refusé, ont été changés de chantiers et obligés de travailler dans des gîtes moins riches et plus difficile à exploiter.

« Il y a là, on peut le dire, une véritable disgrâce pour des ouvriers payés à la production ; à la surface déhouillée. »

Telles sont synthétisées les déclarations faites à l'enquête par les ouvriers. Si en ce qui concerne la fatigue résultant d'un travail supplémentaire ajouté à celui de la semaine, il peut y avoir une part d'exactitude ; les faits semblent néanmoins exagérés ; car dès qu'il s'agit de se récréer le dimanche, d'assister aux concours de pigeons, de tirer à l'arc, de jouer aux boules, de participer à des concours de gymnastique ou à des kermesses, la fatigue a disparu subitement, ce jour-là, pour ne laisser ses traces que le lundi.

Il est regrettable de constater que tant de travailleurs des mines, environ 12 à 40 0/0 du personnel (1) abandonnent leurs chantiers pour des futilités ; il est surtout éminemment regrettable de voir la portion la plus jeune

---

1. Chiffre donné par l'Union des charbonnages de la province de Liége (document cité), p. 29. Voir note 21, p. 148 ci-dessus.

et la plus forte de la population ouvrière, ne pas chercher à augmenter son confort, à élever son « standard » d'existence, à pratiquer la prévoyance !

Les ressources s'appliquent à alimenter le budget du plaisir pendant plus de journées que ne le comportent les usages et les habitudes d'un monde voué au travail.

En présence de ce laisser-aller et de ce manque d'endurance, on se demande si l'ouvrier belge s'adapterait bien à ce travail intensif quotidien qui est la condition à laquelle la réduction de la journée pourrait être réalisée ; c'est ce que nie M. de Smet de Nayer en ces termes :

« La répulsion du Belge pour le travail intensif : le courage et l'endurance tranquilles qui le caractérisent pourvu qu'il ne soit pas pourchassé, coïncident avec les particularités de la psychologie de l'âme belge ; individualiste, il veut travailler à sa façon, ami du bien vivre il ne parvient pas à s'oublier lui-même dans l'absorption totale du labeur, à la manière des Anglo-Saxons (1).

Le chômage du lundi, qui s'étend de plus en plus depuis que l'amende encourue a été réduite au cinquième de la journée de travail, serait donc une plaie provenant du trop grand nombre d'heures de travail des mineurs : les ouvriers n'y voient qu'un remède : la limitation de

---

1. Conseil supérieur de l'Industrie et du Commerce. Rapport de M. de Smet de Nayer, p. 60. Déjà cité, p. 177 ci-dessus (note 1)

la durée de la journée et la suppression des « quarts supplémentaires ».

Les patrons, hostiles à toute intervention de la loi en cette manière, estiment que c'est une erreur de croire que dans un temps moindre le même travail pourrait être accompli.

Il est établi que depuis quinze à vingt ans la durée du travail a diminué dans les mines.

Aujourd'hui la durée du séjour dans la mine est pour la majorité des ouvriers de dix heures à dix heures et demie en moyenne ; pour certaines catégories, principalement pour les ouvriers occupés au transport des produits abattus, elle est un peu plus élevée : onze à douze heures. Cette durée comprend : 1° La descente et la remonte, le trajet du puits au chantier et *vice versa :* 2° le travail effectif ; 3° les repos ou les interruptions forcées du travail (1).

Voyons dans quelle mesure, de quelle manière le temps de travail des ouvriers mineurs a pu être réduit, par suite de quelles circonstances, et quels ont été les effets de cette réduction sur la production.

Au charbonnage d'Angleur, la journée a été vers 1890 réduite de onze à neuf heures pour la généralité du personnel, à la suite de progrès dans l'outillage et d'une

1. Réponses du gouvernement aux questions posées par la Section centrale, « Proposition Destrée du 26 février 1903, fixant la durée de la journée de travail dans les mines, » p. 32. Comité central du travail industriel, Bruxelles, 1907.

entente entre patrons et ouvriers ; la productivité et les salaires n'ont pas eu à s'en ressentir (1).

A Charleroi la journée de travail était avant 1889 de onze heures et au delà, pour les ouvriers et pour les auxiliaires « hercheurs » : ceux-ci descendaient à 6 h. 3/4 du matin pour ne remonter qu'à 9 heures et même 10 heures du soir ; à la suite de la grève de décembre 1889 et janvier 1890, les mineurs ont obtenu une réduction d'une heure de travail pour tout le personnel du fond et de la surface La conséquence de cette réduction a été une diminution de l'effet utile. Quand le nombre d'heures de présence eût été diminué d'une heure, c'est-à-dire ramené de douze heures à onze heures, la production diminua faiblement, cela s'explique en ce que, plus une journée est longue et moins une petite diminution se fait sentir ; on peut regagner en partie le temps perdu.

Une première réduction de une heure sur douze équivaut à 8.33 0/0 de diminution du travail effectif, une seconde réduction de une heure sur onze donne 9 0/0 : elle devient donc plus sensible.

C'est du reste ce que l'expérience a démontré. En 1880, alors que la durée de présence des ouvriers à veine et des coupeurs de voies du bassin de Charleroi était de onze heures, l'effet utile était : pour les ouvriers à

1. Ministère de l'industrie et du travail. Durée du travail des adultes dans les Mines. Consultation des Conseils de l'industrie et du travail (Sections minières). Province de Liége, question VI, Bruxelles, 1907.

veine de 3 t. 810 pour les ouvriers du fond de 0 t. 920. Depuis 1890 on a réduit la durée de présence à dix heures pour les mêmes ouvriers (à veine et coupeurs de voies), soit une réduction de 9 0/0 du temps total passé précédemment dans la mine ; l'effet utile était en 1905 : pour les ouvriers à veine de 3 t. 475 et pour les ouvriers du fond de 0 t. 880, soit une réduction respective de 9 0/0 pour les ouvriers à veine et 4,35 0/0 pour ceux du fond, toutes catégories comprises (1).

Ces chiffres montrent qu'à une diminution de la journée de travail a correspondu une réduction proportionnelle de production : les salaires, dépendant d'autres facteurs que l'effet utile, n'ont pas suivi une marche parallèle à la productivité.

Aux charbonnages de Mariemont (province de Hainaut) antérieurement à 1890, le premier poste descendait à 4 heures du matin et remontait à partir de 2 heures par les Warocquières (2), la remonte se prolongeait parfois jusqu'à 4 heures, de sorte que la durée de présence dans les travaux ; descente et remonte comprises, variait de dix à onze heures, les premiers descendus étant les premiers remontés.

Le second poste descendait à 1 h. 1/2 pour remonter

---

1. Ouvrage cité, p. 181 ci-dessus, note 2. — Province de Hainaut, Bassin de Charleroi. Question VI.

2. M. Warocqué est l'un des industriels les plus notables de Belgique. Il s'est particulièrement attaché à l'étude des transports dans les mines, et a introduit de grands perfectionnements dans ses exploitations. Sa fortune et sa puissance industrielle lui valent les attaques enflammées et injustes des chefs du parti socialiste belge.

à partir de 11 heures du soir, les ouvriers restaient donc neuf heures et demie dans les travaux.

Les ouvriers du matin ayant réclamé à propos de l'heure matinale de la descente, la direction leur fit remarquer que la réduction à 9 heures de la journée de travail amènerait fatalement une diminution de l'effet utile. Néanmoins, après discussion et sur la promesse des ouvriers de maintenir l'effet utile, la descente fut fixée à 5 heures à la condition que tous, indistinctement, se trouveraient aux fosses à 4 h. 45, de façon à ce qu'il n'y eut plus de flottement dans la descente.

En même temps que la durée du travail du premier poste était diminuée, on réduisait parallèlement celle du second poste dont la remonte commence actuellement à 10 heures du soir pour les coupeurs de murs, les ouvriers à veine et leurs hercheurs.

La diminution de l'effet utile pour chacun des postes n'a pas été inférieure à 12 ou 15 0/0, elle est proportionnellement plus forte que celle des heures de travail (1).

En 1888 dans le bassin du Centre (province de Hainaut), la durée de la journée fut réduite d'une demi-heure environ ; cette réduction des heures du travail étant surtout due aux perfectionnements de l'outillage, la productivité ne fut pas atteinte.

1. Au sujet des mines de Mariemont.

Voir : Réponses du gouvernement aux questions posées par la Section Centrale.

Proposition Destrée, du 26 février 1903, fixant la durée de la journée de travail dans les mines, p. 32 et 33, Bruxelles, 1907.

D'après les représentants des associations des charbonnages et les directeurs des compagnies, la question ne peut être envisagée à ce dernier point de vue actuellement, toute réduction leur semble impossible et parait devoir entrainer comme conséquence la disparition des exploitations dont les conditions physiques sont difficiles : l'effet immédiat d'une limitation des heures de travail devant être d'élever le prix de revient, cette élévation mettrait certaines sociétés charbonnières dans l'impossibilité de lutter avec succès sur le marché : d'autre part le salaire des ouvriers serait incontestablement atteint par la réduction, les exploitations ne conserveraient que les ouvriers les plus sains et les plus robustes, capables de fournir le meilleur rendement, cette sélection naturelle des mines aurait pour conséquence une sélection des ouvriers : la diminution des heures de travail serait donc néfaste aux entreprises et à la classe ouvrière.

Certains chefs de sociétés charbonnières, en minorité toutefois, moins irréductibles que la majorité de leurs collègues, ont préconisé une entente entre les exploitants des mines et les ouvriers, afin d'arriver à diminuer le nombre d'heures de présence. Tout est perfectible, et par les efforts techniques on peut prévoir que la durée du séjour dans la mine se réduira encore ; mais en pareille matière il ne faut pas que la loi intervienne, c'est dans le libre jeu des éléments en cause et surtout dans la bonne volonté de tous que réside, selon eux, la véritable solution.

Ces chefs d'entreprises ne veulent pas être enserrés par la limitation légale et désirent demeurer maîtres des horaires qui doivent pouvoir varier selon l'existence des stocks et l'appel de la consommation : « Comment savoir ce que sera demain ? » répondaient les témoins quand on leur demandait pourquoi ils étaient opposés à toute limitation légale, alors que, dans un certain nombre d'exploitations, la durée de la journée de travail était déjà inférieure à huit heures.

C'est la thèse qui fut soutenue à la Chambre des Représentants par les orateurs de la droite conservatrice, adversaires du principe de la réglementation, tant au point de vue patronal qu'au point de vue ouvrier, puisque les intérêts économiques de ces deux classes doivent être solidaires.

Si en majorité les chefs et directeurs d'entreprise se sont attachés à combattre la limitation des heures de travail des ouvriers adultes, les mineurs, de leur côté, ont en majorité soutenu la réduction.

Nous avons déjà exposé les critiques des ouvriers contre les « quarts supplémentaires » qui, selon eux, loin d'être utiles à l'industrie, déterminent le chômage du lundi.

Bien que ces heures supplémentaires payées aux ouvriers à un taux beaucoup plus élevé que le travail normal soient dans une certaine mesure très profitables aux exploitants des mines qui manquent actuellement de personnel, le résultat de ces travaux est singulièrement contrarié par la pratique du chômage. Ces « suppléments », ainsi que la pression indirecte, soi-disant exercée par les patrons pour y faire participer leur personnel, ont été fortement combattus par les syndicats ouvriers comme tendant à la surproduction et allant à l'encontre de la journée de huit heures.

Les « quarts supplémentaires », qui au dire des mineurs expliquent et légitiment l'absence du lundi, ne sont du reste pas la seule cause qui entrave le travail de la mine ; toute l'organisation est défectueuse, l'ouvrier perd au cours de sa journée un temps précieux... par la faute du patron.

Dans la mine le travailleur serait constamment dans l'obscurité, les lampes fonctionnent mal. n'éclairent pas, s'éteignent, il faut alors attendre longtemps pour en avoir une autre ; parfois faire un long chemin pour aller la chercher soi-même. Que de temps perdu inutilement !

Autrefois, avant la loi de 1889. il y avait de nombreux porteurs de lampes, des « serveurs », par suite du défaut de personnel provenant de la réduction du nombre des enfants employés dans les mines, on a supprimé presque partout ces serveurs : leur service est confié aux sclauneurs ou hercheurs qui l'exécutent fort mal : de nombreuses plaintes résulteraient de cet état de choses mais elle ne parviennent pas aux directeurs des mines !

Les directeurs des sociétés minières ont accordé sur ce point que parfois des retards pouvaient se produire ;

à part quelques accidents toujours possibles, le service des lampes est bien exécuté selon eux ; il existe de nombreuses lampes de réserve et des 25 à 30 0/0 de lampes supplémentaires, tenues toujours prêtes, jamais la totalité ne s'est trouvée appelée au fond.

Les plaintes qui ont réuni le plus d'ouvriers sont celles qui ont concerné les transports et les voies de communications souterraines ; les critiques de leur part ont été générales. Les couloirs, les voies, les galeries sont trop resserrées, ce qui entrave les échanges avec la surface et ralentit la marche, les bennes souvent déraillent avec leur chargement, le « trait » est arrêté, pendant ce temps les tailles s'encombrent, l'abatteur est gêné, il perd son temps, c'est l'obstruction !

De même les trains remorqués par les chevaux déraillent par suite du mauvais état d'entretien des voies, tout le personnel est atteint, le travail se trouve suspendu : en outre, par suite du manque de hercheurs, les ouvriers à l'abatage doivent, leur tâche accomplie, faire le service des hercheurs dans les sièges où on les engage sous cette condition. Les agents subalternes, surveillants, porions, etc.. à qui il est indifférent que le personnel ouvrier reste plus ou moins longtemps dans la mine, ne tiennent pas compte des plaintes, très fréquentes à ce que disent les témoins.

Les directeurs des mines reconnaissent que parfois il arrive des retards au transport des produits, mais la situation est loin d'être aussi mauvaise que la représentent les ouvriers ; avec les couches minces et dans des terres meubles, il est impossible d'assurer des transports parfaits. la surveillance dans la profondeur du sol est beaucoup plus difficile qu'à la surface. Or, on sait combien il est déjà peu aisé de bien organiser le transport des produits sur de grandes distances, même à la surface : au reste les ouvriers sont peu qualifiés pour faire des reproches de ce genre à leurs directeurs, et si l'intérêt de tous est conforme, en pareille matière, celui des exploitants l'emporte de beaucoup sur celui des ouvriers.

De nombreux témoins ont encore élevé des plaintes concernant le travail de préparation des tailles effectué par le poste de nuit : bien souvent les consolidations et réparations sont inachevées, de sorte que le poste de jour à son retour ne peut immédiatement reprendre le travail d'abatage sous peine de voir le « toit » s'effondrer, ils réclament en conséquence que les ouvriers de nuit soient plus nombreux.

Ces plaintes sont peut-être accidentellement fondées, ont répondu les exploitants, mais le recrutement du personnel, en général, et du personnel de nuit, en particulier, est très difficile ; au surplus, il n'est pas aisé de faire exécuter tout ce qui convient, il faudrait alors un surveillant par chantier.

Par suite des difficultés rencontrées dans les travaux de réparation et de préparation des tailles, on conçoit qu'il soit difficile d'organiser deux postes journaliers d'abatage, ce qui évidemment conduirait à diminuer dans de notables proportions la durée du séjour dans la mine des ouvriers abatteurs, et même des autres, si tous les postes pouvaient être doublés.

Sous peine de se trouver en contradiction avec eux-mêmes, les ouvriers ont évité de se prononcer sur ce point d'ordre technique : les uns ont dit qu'on pourrait organiser les deux postes, d'autres, plus logiques, ont dit le contraire.

Il est bien évident que si l'abattage avance du double, le poste de réparations qui prendra le travail pendant les huit dernières heures de la journée, ne pourra pas parvenir à tenir les chantiers en état ; les retards se trouveront donc doublés eux aussi, puisqu'on en aura doublé la cause (1).

Les délégués des exploitants de mines se sont montrés opposés à toute tentative de ce genre, d'abord parce qu'il y a manque de personnel ; — ensuite parce que les « avancements » dans les tailles sont réglés par les avancements des voies et des galeries ; — pour deux postes « à la veine » les voies ne pourraient plus suivre les fronts des tailles ; enfin les avancements doivent être réduits là où le dégagement de grisou est abondant, de manière à ce que les émanations dangereuses puissent être entraînées par les courants d'air.

---

1. Il est impossible de faire succéder deux postes de répareurs dans une journée de vingt-quatre heures ; l'abattage prenant déjà seize heures dans le système d'exploitation par double poste.

Un ou deux essais isolés n'ont donné que de mauvais résultats, les ouvriers eux-mêmes l'ont reconnu.

Nous avons terminé l'examen des principaux griefs des ouvriers relatifs aux pertes de temps dues à la mauvaise organisation du travail : parmi ces griefs, il en est un que nous n'avons pas encore fait connaître et qui fut réduit à néant par la descente de la sous-commission de Mons dans les travaux de la Société de Charbonnage du fief de Lambrechies.

Les ouvriers à la veine s'étaient au cours de l'enquête constamment plaints de recevoir des bois non façonnés et d'être obligés de les tailler sur place, alors que selon eux ce travail aurait dû être fait à l'avance à la surface. Les membres de la sous-commission ont pu constater qu'il fallait une minute et demie au mineur pour façonner un bois et faire l'appointage et l'encochage d'un « boutriau ».

L'ouvrier à veine n'ayant à façonner qu'une moyenne de six bois de l'espèce par jour, et ces bois, la commission le remarqua au cours de sa descente inopinée (1), ne faisant pas défaut, la perte de temps de ce chef est très minime et les pièces ainsi adaptées, sur mesure, répondent mieux aux besoins locaux que lorsqu'elles sont préparées à l'avance sur des types uniformes.

L'analyse de l'enquête a eu pour but de nous faire

1. La sous-commission avait tenue secrète la date de sa visite et n'avait pas fait connaître à l'avance la mine qui en serait l'objet.

connaitre l'attitude des partisans et des adversaires de la limitation de la durée du travail des adultes par l'opposition des arguments basés sur faits contradictoires énoncés par les chefs d'entreprises et leurs ouvriers.

Nous avons montré le cas qu'il fallait faire d'allégations parfois exagérées, souvent mal fondées : en présence de la corrélation qui d'après les travaux des directeurs de charbonnages existerait entre la réduction de la journée de travail et l'effet utile au point que toute limitation de la durée des heures de travail des adultes aurait pour résultat de limiter et de réduire la production des houillères nationales, il convient d'examiner l'état général du marché belge, la situation de ce pays vis-à-vis de la concurrence internationale ainsi que les conséquences éventuelles d'une réduction de l'effet utile.

CHAPITRE II

LES EFFETS ÉVENTUELS DE LA JOURNÉE DE HUIT HEURES

Le marché charbonnier belge. — Les hypothèses de M. le professeur G. de Leener. — Producteurs. — Consommateurs et industries dépendantes de l'industrie minière. — Salariés. — Rôle pondérateur des consommateurs et de l'État.

On ne peut s'intéresser à l'industrie charbonnière sans envisager avec une crainte légitime l'éventualité de la pénurie et de l'épuisement des grandes richesses naturelles enfermées dans le sein de la terre.

Alors que l'on se préoccupe de protéger les bois et les forêts contre la hache du bûcheron imprévoyant, il est permis de faire observer que le péril qu'il s'agit de combattre n'est que momentané ; par la suite, avec du temps, le reboisement méthodique pourra remédier au déboisement désordonné, la terre qui engendre la vie donnera le jour à de nouvelles pousses.

Pour ce qui est des richesses minérales, de formations anciennes, cristallisées dans les diverses couches des terrains qui se sont superposés : bien qu'elles aient atteint, avant l'apparition de l'homme, le terme de leur développement. les mêmes préoccupations ne se font plus jour. La loi intervient pour inciter l'exploitant à donner à l'extraction toute son ampleur; en cas de ralentissement ou de suspension, elle le menace de la déchéance de sa concession (art. 28 du nouveau projet belge, texte du Sénat).

Ces considérations nous conduisent nécessairement à nous demander, en présence d'un appel de plus en plus exigeant et pressant des consommateurs, si, dans un avenir prochain, le charbon ne viendra pas à faire défaut; cette question prend surtout un grave caractère d'acuité dans un pays d'étendue limitée comme la Belgique, par suite de la haute densité de sa population et de l'énorme développement de son industrie.

Au xxe siècle, il est vrai, les découvertes se succèdent avec une merveilleuse rapidité et tel produit qui aujourd'hui présente pour l'industrie une importance capitale peut demain être détrôné dans notre estime, et être remplacé par un succédané ou un substitut.

En peut-il être ainsi du charbon? L'état actuel de la science nous permet-elle d'affirmer que, dans de nombreux cas, l'industrie pourra économiquement faire face à la pénurie de combustibles en s'adressant à d'autres sources d'énergie; la *houille blanche*, en un mot, est-elle susceptible de remplacer la houille noire?

D'une manière générale, nous ne le pensons pas; cela même nous paraît impossible dans le cas particulier du pays que nous étudions.

Pour que la houille blanche soit utilisable comme force motrice, pour qu'elle existe en un mot, il faut qu'un cours d'eau remplisse deux conditions : fort débit et dénivellation.

Ces deux conditions ne se réalisent jamais simultanément en Belgique ; là où la dénivellation existe, le débit est insuffisant, par contre, dans les rivières à fort débit, la dénivellation est absente.

Exception faite de quelques chutes d'eau de minime puissance et peut-être de quelques barrages artificiels, la Belgique manque de houille blanche.

La houille blanche, au surplus, ne peut être considérée comme un substitut complet du charbon dans les pays privés de bassins charbonniers. C'est que la houille intervient aussi dans la production industrielle autrement que comme source de force motrice : elle lui apporte son pouvoir réducteur si nécessaire dans tant d'opérations chimiques et métallurgiques ; elle lui fournit l'énergie calorique indispensable à de nombreuses préparations qui deviendraient impossibles sans le concours de la chaleur (1).

L'avenir, sans doute, permettra, grâce à l'action dissociante de l'énergie électrique obtenue par les chutes d'eau, de fabriquer couramment les métaux d'usage commun, sans l'intervention du pouvoir du carbone, et,

---

1. Rapport présenté à la Commission d'enquête par M. le Professeur Georges de Leener, de l'Université de Bruxelles, p. 10 à 13. Bruxelles, 1er mars 1908.

grâce aux effets calorifiques de la même forme d'énergie, de chauffer électriquement les fours industriels.

La technique n'est pas encore arrivée à ce stade de perfectionnement. La fonte, dont l industrie retire l'acier est fabriquée dans les hauts fourneaux à coke ; seuls, des aciers spéciaux et des allinges sont obtenus, exceptionnellement, dans des fours électriques : on n'a pas encore vu ni même imaginé jusqu'à ce jour le chauffage électrique des fours métallurgiques, des fours de verreries, des fours à cuire les faïences ou des fours à briques.

En attendant l'heure que nous ne pouvons prévoir où de nouvelles découvertes viendront révolutionner l'industrie, la Belgique consomme beaucoup de charbon ; néanmoins sa production dépasse sa consommation et lui permet de disposer d'un excédent pour l'exportation. Malheureusement cet excédent diminue d'année en année et les économistes belges envisagent non sans inquiétude l'époque où le pays se suffira juste à lui-même.

En fait, le voisinage de bassins charbonniers étrangers, le développement des côtes maritimes belges d'une part, la présence de grands centres de consommation à proximité des frontières d'autre part, provoquent des exportations qui de beaucoup dépassent l'excédent libre ; il est juste d'ailleurs de faire remarquer que ces exportations sont compensées par des importations équivalentes.

Toutes les catégories de charbons belges sont indistinctement exportées, les charbons de valeur prédominent néanmoins ; gailleteries pour foyers domestiques, charbons de four, cokes et briquettes. De même les importations comprennent toutes les espèces de charbons ; et, à l'intérieur du pays, les charbons produits par les mines belges elles-mêmes en quantité insuffisante pour répondre à la demande de l'industrie : charbons de gazogène, fines à coke, coke lavé.

Par des réductions plus que proportionnelles à la longueur du trajet parcouru, les tarifs de chemins de fer encouragent les exportations de charbons (1) ; il en résulte que l'intérêt des producteurs, non conforme à celui du pays, les pousse à exporter des combustibles dont la Belgique a besoin et dont elle doit ensuite s'approvisionner à plus grands frais à l'étranger.

Ainsi, par le jeu des exportations, les directeurs des charbonnages se trouvent être les maîtres du marché intérieur.

Malgré tout, la pénurie de combustibles n'est pas à redouter pour la Belgique : la présence à proximité des frontières et des côtes des bassins houillers de l'Angle-

1. « Notre tarif spécial no 31 est destiné à favoriser les expéditions de houille, coke et briquettes aux hauts fourneaux desservis par Athus, Halanzy et Musson ; il a été étendu aux transports à destination de l'établissement métallurgique de Gorcy, bien que celui-ci soit situé en France, sous prétexte d'un raccordement à la station frontière de Signeulx.

« En conséquence, ce tarif spécial favorise les exportations de charbons belges au profit de la société de Gorcy et spécialement les exportations des cokes produits dans son charbonnage du fief de Lamfrechies. (Borinage.) »

Rapport de M. de Leener, p. 213.

terre, du Nord et du Pas-de-Calais, de la Rühr, d'Aix-la-Chapelle et du Limbourg hollandais, au point de vue national la mise en exploitation future des charbonnages de la Campine sont à ce sujet rassurantes (1).

Etant donné cette situation générale, quelles seront donc les conséquences possibles de la limitation de la durée du travail dans les mines pour le marché charbonnier belge?

En l'absence de faits établis quant à la répercussion immédiate de la législation proposée sur l'économie même de l'industrie charbonnière, on ne peut pour l'instant que faire des conjectures.

La production sera-t-elle restreinte et les prix s'élèveront-ils en même temps, ou bien la production restant fixe le prix de revient sera-t-il seulement majoré ; ces effets se produiront-ils certainement ou enfin, s'étant produits, seront-ils temporaires ou permanents?

M. de Leener se propose dans son rapport, de répondre à ces questions qui forment le pivot de l'enquête.

Avant d'exposer ses vues et de présenter ses conclusions, M. de Leener est obligé de convenir que, malgré et peut-être surtout à cause de l'abondance et du désor-

---

1. D'après M. le professeur de Leener, l'exploitation des gisements de la Campine *doublera* certainement la production belge d'ici douze ans au plus.

Les nouveaux charbonnages, outre la quantité, fourniront des produits de qualité : houilles à gaz, charbons de fours et fines à coke dont il y a pénurie ou insuffisance dans les anciens bassins.

Voir son rapport (déjà cité) pages 274 et 275.

dre des statistiques établies plus souvent pour faire œuvre de combat que dans un but scientifique, il lui est impossible de tirer une conclusion directe des documents qui lui ont été fournis.

Les faits acquis faisant actuellement défaut et les indications sûres et précises sur la situation du marché charbonnier belge étant plus difficiles à recueillir que les opinions des intéressés, le professeur à l'Université de Bruxelles, en l'absence de ce terme intermédiaire, nécessaire à une déduction rigoureuse, se résigne à ne formuler que des conjectures.

Ces conjectures, comme le fait remarquer le « Comité central des houillères de France (1) » dans une de ses dernières circulaires et comme le dit très loyalement M. de Leener, lui-même, ne sont appuyées que sur des hypothèses.

Que l'événement, par la suite, vérifie ou non l'exactitude de ces conjectures et de ces hypothèses, il n'en restera pas moins que M. de Leener aura été le premier à fournir l'effort d'un raisonnement, appuyé sur une étude approfondie, raisonnement dans lequel il nous fait connaître toutes les conséquences éventuelles de la limitation de la journée de travail des ouvriers mineurs adultes.

D'après M. de Leener, on peut supposer d'abord que

1. On trouvera une analyse complète du rapport de M. de Leener dans la circulaire n° 3667 du comité central des houillères de France sous la date du 4 septembre 1908.

la limitation de la durée du travail sera sans effet au point de vue des conditions d'exploitation : dans ce cas, la réforme serait sans action sur le marché charbonnier belge, c'est l'hypothèse la plus souhaitable, l'hypothèse idéale et malheureusement la moins probable.

Si, sans s'arrêter à cette hypothèse qui n'entraine que des conséquences avantageuses pour les ouvriers mineurs, on se place à un autre point de vue, le tableau ne sera plus le même.

Supposons que l'application de la loi entraine une réduction de l'extraction ; réduction évaluée à 10 0/0 (1) par les partisans de la législation proposée ; cette réducduction entrainera nécessairement une augmentation du prix de revient : les frais généraux restant les mêmes, leur charge, par tonne, sera augmentée.

Le premier effet de la loi, même avant son entrée en vigueur sera de provoquer la hausse ; dès le jour du vote le marché sera en état de tension.

Devançant l'application de la loi, la demande deviendra pressante, une certaine inquiétude régnera chez les consommateurs. Craignant trop la hausse, voulant se

1. En prenant pour base une réduction de l'extraction de 10 0/0 seulement, chiffre correspondant à une moyenne, nous nous plaçons dans la situation la plus favorable, entrainant les conséquences les moins fâcheuses.

D'après les adversaires, qui déclarent que la réduction de la production est proportionnelle à la réduction des heures de travail, le déficit ne serait plus de 10 0/0, mais de 30 à 40 0/0 selon la durée de la journée actuellement en vigueur dans leurs exploitations.

porter, aux prix du jour, acquéreurs de stocks importants, leur manœuvre aura un résultat contraire à celui qu'ils auront recherché.

Le producteur voudra profiter de la situation, de cette inquiétude qui se sera emparée du consommateur. il retiendra ses offres, fera le difficile, la hausse s'accentuera. Le consommateur, impatient de conclure, paiera des prix inconnus auparavant : la hausse deviendra alors générale sur le marché charbonnier ; avant l'entrée en vigueur de la loi, elle sera déjà forte.

Dès l'application de la loi, par suite de la diminution de la production et de l'augmentation du prix de revient, les directeurs de charbonnages exigeront une nouvelle hausse des prix de vente. Les acheteurs devront payer des prix considérablement majorés et malgré l'accumulation des stocks, la hausse dont le mouvement aura commencé, avant l'application de la loi, pourra se continuer.

A l'intérieur du pays, exception faite des ports et des régions frontières, la concurrence étrangère demeurera sans influence, la hausse des prix sera générale et ne sera limitée que par le chômage des industries qui consomment le plus de combustibles ; haut-fourneaux, verreries, établissements métallurgiques : la demande de charbon diminuant alors, le pays traversera une crise qui arrêtera l'ascension du prix du charbon.

L'augmentation du prix de revient, au point de vue industriel, et du coût de l'existence, au point de vue domestique, seraient ainsi les conséquences de la réforme.

L'industrie métallurgique pour laquelle le prix du charbon représente 40 0/0 du prix de la fonte, et 30 0/0 de celui de l'acier laminé, sera la plus atteinte : ses opérations cesseront d'être rémunératrices, même pour les établissements placés dans les conditions les plus favorables.

Les industries verrières et les briqueteries souffriraient également : la part moyenne du combustible dans le prix de revient étant de 20 0/0, la hausse du charbon entraînerait une élévation du prix de vente telle que la concurrence étrangère ne pourrait être soutenue ni à l'extérieur, ni à l'intérieur.

A mesure que la part de la main-d'œuvre augmente et que celle du combustible diminue, comme dans la fabrication des porcelaines, des faïences et des produits céramiques dont la main-d'œuvre fait tout le prix ; dans le tissage et dans la filature de coton, où un moteur de faible consommation fait mouvoir des centaines de métiers, les conséquences de la hausse se trouvent naturellement réduites.

Dans la filature où la part de combustible ne dépasse pas 1 à 2 0/0 du prix de revient, une majoration de 30 0/0 du charbon équivaudrait à peine à une augmentation d'un tiers pour cent de ce prix (1).

1. La même hausse du charbon (30 0/0) majorerait de 13 0/0 le prix de revient de la tonne de fonte et de 10 0/0 celui de la tonne d'acier laminé. Voir note 1, p. 200 ci-dessus.

La hausse serait moins sensible pour les industries qui alimentent exclusivement le marché belge que pour celles qui disputent aux concurrents d'autres pays les débouchés étrangers ; l'élévation des prix des charbons pourrait, sans les mettre en péril, réduire le bénéfice d'exploitation de certaines entreprises.

Dans les industries sidérurgiques, la hausse formidable du prix de revient ne pourrait être reportée sur les prix de vente.

Ceux-ci en effet dépendent de la concurrence étrangère sur le marché intérieur de la Belgique et de la concurrence internationale sur le marché mondial ; les prix élevés des charbons pourraient donc déterminer des ruines dans la métallurgie ; au point de vue national, si ces ruines avaient pour résultat de faire reporter l'activité des Belges sur les produits d'un travail fini, il y aurait lieu de s'en réjouir, la Belgique produisant trop de produits grossiers (1) ; en dépit des ruines

1. Au cours de son raisonnement, M. le professeur G. de Leener s'est laissé aller à dire pour donner à sa pensée une forme plus expressive « qu'il serait à souhaiter que la Belgique produisît un peu moins de rails et qu'elle appliquât les mêmes capitaux et la même main-d'œuvre à construire des machines à coudre ».

Il est bien évident que les rails ont un débouché autrement grand et facile que les machines à coudre, cela néanmoins ne nous explique pas la vivacité des critiques de l'*Organe Industriel Commercial et Economique du bassin de Liège* (n° 42, seizième année, 17 octobre 1908).

« Cette idée lumineuse du Professeur a beaucoup fait rire ; en ce qui nous concerne, nous ne parvenons pas à trouver cela très drôle, et nous disons que quand un homme écrit des énormités semblables, il est jugé ! »

Ce n'est pas sur une boutade, ni sur un exemple (peu heureux sans

individuelles et des crises passagères, un tel changement dans les activités industrielles serait plutôt heureux, il ne doit pas, néanmoins, être envisagé sans inquiétude.

Les exportations belges de combustibles se trouveront nécessairement réduites, ce ne sera peut-être pas un mal, étant donné la manière dont elles se pratiquent. Le charbon indigène doit, avant tout, servir à l'usage des industries nationales et l'exportation ne doit faire sortir que des excédents, de qualité spéciale, sans pour cela affaiblir les réserves de force motrice qui, pour l'avenir du pays doivent être ménagées.

Dans une troisième hypothèse, nous pouvons admettre que les effets probables de la limitation du travail ne différeraient pas essentiellement des conséquences que nous avons déjà envisagées, l'augmentation du prix de revient ne serait pas due peut-être seulement à la réduc-

---

doute), que l'on peut discuter ; au lieu de s'en prendre à cette forme concrète de la pensée de M. de Leener, n'aurait-il pas été plus digne d'en critiquer le fond ?

Le même journal (n° 47, 21 nov. 1908) publie le discours de M. Trasentser au Conseil Supérieur du travail (Séance du 3 nov. 1908), nous en citerons le passage suivant, concernant les vues d'avenir de M. de Leener : « ... L'Homme qui envisage, avec un cœur léger, a ruine d'une de nos grandes industries nationales et des ouvriers à hauts salaires qu'elle fait vivre et qui seraient parfaitement incapables de se transformer en artisans de fine mécanique, peut être un savant, un sociologue distingué, mais il sera difficilement suivi par des hommes de jugement et de sens commun... » (col. 3).

tion de la production et à l'augmentation des frais généraux, elle pourrait encore résulter du changement des conditions de production.

Nous supposerons donc que, par suite de la réorganisation du travail, de l'amélioration des voies de transport, de la diminution de la durée du parcours des ouvriers dans le fond, *et même de la préparation des bois à la surface*, les effets immédiats de la réduction du temps de travail puissent être compensés et que la production puisse être maintenue constante.

Dans ce cas encore, les progrès dans l'exploitation détermineront des frais supplémentaires et une majoration du prix de revient.

L'offre des charbons sur le marché ne diminuant pas, il semble que la demande devrait rester normale : mais il faut compter avec l'inquiétude des consommateurs, très impressionnables, qui leur fait perdre toute prudence. Ils vont donc faire hausser les prix, avant que la loi n'ait été mise à exécution, et cette hausse des prix, moindre sans doute que celle envisagée dans la précédente hypothèse, dépassera néanmoins celle impliquée par la simple augmentation du prix de revient : cette majoration, selon toute probabilité, restera, partiellement tout au moins, acquise aux charbonnages : aidés par les syndicats, les chefs d'entreprises s'opposeront à la baisse des cours qui devrait se produire une fois l'inquiétude passée.

La hausse des prix étant moindre dans ce dernier cas

et la majoration du prix de revient pouvant rester la même que dans la seconde hypothèse, le profit de l'exploitation des charbons pourrait être atteint et tomber à zéro dans certains charbonnages.

Dans le monde charbonnier, les uns, confiants dans un avenir meilleur, continueront à exploiter sans bénéfices actuels avec la seule perspective d'un bénéfice futur, dans des conjonctures économiques nouvelles : les autres, plus pauvres, ne maintiendront pas les concessions en exploitation.

La fermeture de ces petits charbonnages sans grandes ressources financières, produisant des charbons maigres, de peu de valeur, serait peu préjudiciable au pays, la production nationale n'en serait réduite que de cent mille ou deux cent mille tonnes ; rachetés à vil prix, l'exploitation en pourrait sans doute être reprise par de puissants charbonnages voisins, disposant de moyens leurs permettant de rémunérer une entreprise qui se soldait dans des conditions antérieures en déficit.

Cette solution, évidemment peu avantageuse pour les actionnaires, aurait pour résultat définitif, au profit de tous, le progrès de l'exploitation des charbonnages.

Les effets de la limitation de la durée du travail dans les mines seraient donc ici semblables à ceux qui ont été examinés dans la précédente hypothèse, différents cependant par un caractère de bien moindre gravité, grâce à moins d'exagération des prix des charbons ; les exploitations elles-mêmes resteraient sans doute ce qu'elles auraient été si la loi n'avait pas été instaurée.

Nous avons jusqu'ici envisagé les solutions les plus extrêmes, l'une entièrement favorable à la limitation du travail dans les mines, les deux autres, sans lui être toujours opposées, prévoient néanmoins de profondes perturbations dans l'ordre économique actuel ; ces solutions extrêmes sont sans doute les moins vraisemblables qui puissent être réalisées, c'est pourquoi nous allons maintenant, dans une quatrième hypothèse, examiner les effets simplement momentanés de la limitation du travail, estimant qu'ils ne peuvent être que la conséquence des lenteurs d'adaptation à un nouveau régime et qu'ils disparaitront d'eux-mêmes lorsque cette adaptation sera complète. Nous nous trouverons donc dans ce cas en présence de perturbations temporaires se manifestant, à la fois, dans les quantités produites et dans les prix de revient, ou dans ces derniers seulement.

Toutes les conséquences que nous avons déjà passées en revue se produiraient encore dans la dernière hypothèse, mais dans une mesure très différente et bien que les effets directs de la loi sur la production minière ne dussent être que momentanés la hausse des prix tendrait à devenir permanente, au moins en partie, pour les raisons que nous avons déjà exposées.

Quelle que soit celle des quatre hypothèses dans laquelle on se place, il faut tenir compte de certaines influences extérieures qui permettraient de réduire lagravité des conséquences que nous venons d'examiner, ces conséquences s'exerceraient sur les consommateurs, sur les capitalistes et exploitants et sur les salariés.

A l'égard des consommateurs, le danger de la loi projetée serait la hausse des prix des charbons. Quant aux dangers de pénurie des charbons indigènes, ils sont nuls. La diminution des exportations et l'intervention des charbons étrangers pourront, sans peine, combler le déficit de la production.

La hausse des prix elle-même pourrait-elle être évitée? Evidemment OUI, si le consommateur belge est assez sage pour se garder de manifester une inquiétude injustifiée, s'il prend soin de passer immédiatement ses commandes aux charbonnages étrangers, de manière à faire craindre aux producteurs belges l'accumulation des stocks.

En présence de cette tactique, les prétentions des charbonnages se modéreront, ils craindront la concurrence et redoubleront d'insistance pour faire agréer leurs offres, dans ces conditions, les prix ne hausseront pas, ou très peu seulement. L'Etat de son côté pourrait jouer un rôle modérateur, en acceptant fréquemment les souminsions étrangères aux adjudications des chemins de fer, en rétablissant l'égalité des tarifs d'importation et d'exportation des charbons par voie ferrée (1).

1. Les charbons de toute catégorie sont importés en toute franchise dans le pays. L'influence des douanes belges est donc nulle ; d'autre part « les tarifs d'importation par voie ferrée, sont considérablement plus élevés que les tarifs d'exportation. La différence est même tout à fait

et en facilitant l'importation des charbons étrangers par la réfection des voies navigables, par l'achèvement de la mise à grande section du canal de Charleroi et par exécution du canal du Centre.

Cette attitude des consommateurs et de l'Etat aurait pour résultat d'aggraver le déficit des charbonnages ; ces derniers pourront néanmoins récupérer une partie de l'augmentation du prix de revient par la majoration des prix de vente, à l'étranger, des produits exportés.

En France, principal débouché étranger des charbons belges, cette majoration est possible, le ton du marché charbonnier français est donné par le cours des charbons belges.

Une certaine majoration, coïncidant avec une réduction des exportations belges à cette destination, est donc possible, et même facile.

Cette hausse des prix de vente, en France, ne peut évidemment suffire à compenser l'augmentation du prix de revient ; il faut donc compter sur d'autres influences

---

anormale. C'est ainsi par exemple que le charbon paie de Charleroi à Anvers (exportation) 2 fr. 14, tandis qu'il paie d'Anvers à Charleroi (exportation) 4 fr. 07, et de Charleroi à Erquelines (exportation) 1 fr. 60, alors qu'il supporte d'Erquelines à Charleroi (d'importation) une taxe de 2 fr. 20.

« La même quantité de charbon, paie donc 1 fr. 93 de plus ou de moins, selon qu'elle est transportée d'Anvers à Charleroi ou de Charleroi à Anvers ! Cette différence est énorme puisqu'elle dépasse 90 o/o. Et que dirait le voyageur à qui l'on ferait payer son coupon d'Anvers à Charleroi 90 o/o plus cher que de Charleroi à Anvers !..

Rapport de M. de Leener, p. 190 et 191.

pour restreindre les conséquences financières de la limitation de la journée de travail dans les mines.

On peut compter dans ce but sur l'intervention des syndicats de vente dont le rôle est d'assurer la régularisation dans les débouchés et dans la production. Une production régulière coûte moins qu'une production abandonnée aux hasards du marché, la réduction des frais d'intermédiaires peut permettre une économie de près de 50 centimes à la tonne

La constance du profit assuré permet aux capitalistes de se contenter d'un bénéfice restreint ; c'est le rôle des syndicats par la régularisation de la vente, la fixation des prix et la modération de la production, de réaliser un profit constant pour les exploitations associées.

Les charbonnages belges syndiqués en un comptoir unique seraient sans doute en état de compenser, en tout ou en partie, par les économies de l'organisation syndicale la charge résultant de la réduction de la durée du travail.

On peut surtout envisager la possibilité d'un meilleur usage des combustibles, une vente plus méthodique permettant une vente plus rémunératrice. La fabrication des agglomérés fournit un exemple de cette influence, tels charbons qui à l'état brut souffriraient de mévente et ne rémunéreraient pas l'exploitation, trouvent acheteurs quand ils sont présentés sous une nouvelle forme ; le lavage et la préparation mécanique des charbons peuvent produire les mêmes résultats.

Enfin la juste destination des charbons de qualités spéciales et bien déterminées réalise des prix de vente plus profitables que si ces mêmes charbons étaient vendus pour des usages auxquels ils ne conviennent pas parfaitement ; les charbonnages syndiqués pourront être éclairés sur les besoins réels de leur clientèle et par une vente plus rémunératrice, ils compenseront en partie l'augmentation du prix de revient.

La constitution des comptoirs de vente apparaît donc à tous ces points de vue comme nécessaire ; au point de vue interne cette organisation permettra encore aux exploitations de réduire leurs frais d'administration et de direction ; en suivant cette voie l'industrie charbonnière pourra diminuer le poids des charges résultant de la réduction éventuelle de la journée de travail.

Dès que les bénéfices de l'industrie minière se restreignent, les chefs d'entreprises tendent à réduire les salaires en proportion de la réduction du profit de manière à restreindre le prix de revient. Dans cette industrie où les salaires en 1906 représentaient 61.3 0/0 du prix de revient des charbons extraits, la rémunération du travail de l'ouvrier suit les fluctuations des prix de vente et des bénéfices de l'exploitation (1).

---

1. La somme totale des salaires bruts a été en 1906 de plus de 189 millions de francs. Déduction faite des retenues opérées, tant pour les institutions de prévoyance que du chef d'amendes, de fournitures d'outils d'huiles et autres objets, le chiffre des salaires nets a été de près de 189 millions de francs. Ce revenu global équivaut à un gain annuel moyen net de 1342 francs par ouvrier quels que soient l'âge et la capacité.

M. le professeur G. de Leener (déjà cité), p. 2.

L'ouvrier à veine a 6 francs par jour garantis, il touche en moyenne 6 fr.50 à 7 fr.20 par jour. Les hercheurs reçoivent 4 fr. 10. Enquête 1907-

Si les salariés réagissent par la force de leurs syndicats, si en même temps ils prêtent un travail plus régulier, plus consciencieux et plus actif, si, tandis que le consommateur avisé s'oppose à une hausse proportionnelle des prix de vente, la productivité du mineur augmente et s'améliore, le déficit éventuel de l'extraction et la réduction du bénéfice d'exploitation seront sans doute moindres. Or, moins le bénéfice d'exploitation

1908. — Sous-commission de Charleroi. — Dépositions des ouvriers. — Séance du 12 août 1907, après-midi.

Le « budget du hercheur », extrait du discours de M. le représentant Pépin : *Annales Parlementaires de Belgique*, Chambre, session, 1906-1907, Séance du 1er mars 1907, p. 667, col. 2.

« Avouez qu'il est bien difficile pour un ménage ouvrier de vivre avec 4 francs par jour, soit 24 francs par semaine. Je demande ce qu'une ménagère peut faire, lorsqu'elle a 4 enfants, lorsqu'elle doit payer le loyer de la maison, lorsqu'elle doit entretenir son mari, ses enfants et elle-même avec 24 francs par semaine !

Voici le budget de la ménagère, de la femme d'un hercheur :

Elle dépense par semaine :

pour son loyer	4 fr. 00
pour les vêtements de son mari, pour les siens et pour ceux de ses 4 enfants	2 fr. 00
pour le lavage du linge, elle dépense encore	2 fr. 00
pour les journaux du mari, pour ses cotisations au syndicat et à la caisse de secours il faut compter	1 fr. 20
Ajoutez à cela les frais divers : pour les achats extraordinaires ou imprévus	2 fr. 00
Soit un total de	11 fr. 20

Si je soustrais cette somme de 11 fr. 20 de celle de 24 francs, il ne reste plus que 13 fr. 80 pour nourrir 6 personnes pendant sept jours : où est la ménagère qui peut faire ce prodige dans la bourgeoisie?

On dit quelquefois que les femmes des mineurs ne sont pas de bonnes ménagères ; on se trompe, car il faut réellement savoir faire des miracles pour nourrir 6 personnes avec 13 fr. 80 pendant sept jours, soit 1 fr,97 par jour ou 0 fr. 325 par personne !

sera réduit, moins les charbonnages péseront sur les ouvriers pour leur imposer une réduction de salaire.

Que les ouvriers cessent tout « sabotage », qu'ils ne mêlent pas de pierres au charbon; qu'ils exécutent rapidement tous les travaux depuis l'abatage jusqu'au roulage; alors ils seront plus en droit de s'opposer par l'action et la résistance de leurs syndicats à des réductions de salaires injustifiées.

Dans l'intérêt commun de tous, consommateurs, exploitants et salariés, l'application du principe des « paliers » dans la mise en vigueur de la loi sera d'un effet considérable.

L'effet de ces paliers sera d'abord de contenir l'inquiétude des consommateurs; la réduction de la production étant faible la première année, les négociants auront le temps de s'organiser pour développer les importations de charbons étrangers auxquels on ne pourrait avec succès faire appel du jour au lendemain; les exploitants pourront se syndiquer en vue de compenser les effets de la limitation du travail sur la rémunération des capitaux engagés dans l'exploitation des charbonnages; les ouvriers, de leur côté, auront moins à redouter des réductions considérables de salaires. Bien espacés, comme en France, les paliers aideront beaucoup à la mise en vigueur de la loi, en atténuant les e fets d'une brusque application.

L'entrée en exploitation du bassin de la Campine, par

la surabondance de charbons qu'il apportera, corrigera encore les conséquences de la limitation, si ces conséquences n'étaient pas encore effacées quand les charbonnages campinois deviendront productifs. L'abondance des charbons offerts en Belgique réduira forcément les prétentions des charbonnages ; et quand bien même le coût de revient, malgré les perfectionnements d'une installation entièrement neuve, serait élevé dans la Campine, aussi élevé que dans les anciens charbonnages, il est établi que les produits extraits seront de valeur ; le prix de vente actuel de ces charbons ; charbons à gaz et charbons de four sont déjà en Belgique, presque les prix les plus hauts du marché.

CONCLUSION

Les dépositions des témoins avaient pu laisser aux directeurs des charbonnages belges quelque espoir de voir la commission d'enquête, partagée entre des opinions absolument opposées se prononcer en faveur du maintien du *statu quo* contre toute intervention du législateur ; le rapport de M. Delmer : « Pays étrangers, mesures législatives et données statistiques », ainsi que celui de M. le Professeur de Leener sur : « Le marché charbonnier belge », n'ont pas répondu à l'attente des concessionnaires des mines de houille.

Dès que les tendances du rapport de M. Delmer et dès que l'interprétation qu'il comptait faire des données des statistiques autrichiennes furent connues, la « Fédération des associations charbonnières de Belgique » crut devoir se hâter d'envoyer en Autriche une commission de cinq membres, ingénieurs et directeurs de charbonnages, afin de procéder à une contre-enquête et d'étudier sur place, dans le bassin d'Ostrau-Karwin, les résultats de l'application de la loi autrichienne qui a réduit à neuf heures la durée journalière du travail dans les mines de l'Empire, avec mission de rechercher tout spécialement, si les correctifs employés par les exploitants autrichiens pour atténuer les effets de la nouvelle législation pourraient également recevoir application en Belgique (1).

Nous avons indiqué, au cours de notre étude, les raisons pour lesquelles toute comparaison entre les mines autrichiennes et belges est rendue difficile par suite de la différence de nature des gisements (2).

Les délégués de la « Fédération des associations charbonnières de Belgique » s'attachèrent à signaler à nouveau l'épaisseur et la régularité des couches, en Autriche, ainsi que le peu de profondeur des puits. La disposition et la constitution de ces couches permettent l'emploi des haveuses mécaniques et des transports électriques (3) qui autorisent la fermeté des terrains et l'absence de grisou : d'après leurs constatations la large ouverture des veines contribue également à faciliter à l'intérieur de celles-ci l'évacuation par convoyeurs des produits abattus.

Les cinq membres de la commission estiment que tous les perfectionnements compatibles avec la sécurité

1. *Organe industriel commercial et économique du Bassin de Liége.* Seizième année, n°s 42, 17 octobre 1908. Voir aussi p. 101 à 103 ci-dessus.

2. Voir ci-dessus, p. 106 et 107.

3. Les galeries sont souvent éclairées par le moyen de lampes électriques à incandescence, jusqu'à 300 mètres de l'accrochage, l'administration ne redoute donc pas une catastrophe pouvant provenir d'un court circuit.

Rapport de la Fédération, Liége, 20 octobre 1908, p. 30.

des travailleurs ont depuis longtemps déjà été introduits dans les exploitations belges, ils ne voient dans ces conditions aucun palliatif possible aux effets de la réduction de la journée de travail, ils ont noté qu'il n'en était pas de même en Autriche, avant l'application de la loi du 27 juin 1901 ; c'est ce qui explique que, dans ce pays, à la réduction de la journée n'ait pas correspondu une diminution proportionnelle de l'extraction, une meilleure organisation du travail, la répression des abus, la réduction du gaspillage du temps dont le mineur autrichien disposait dans son séjour dans la mine ont permis de remédier aux résultats néfastes qu'aurait sans cela entraînés la nouvelle loi (1).

L'organisation des travaux souterrains, en Belgique, est, d'après la Commission, parfaite et sans égale nulle part ailleurs, elle ne saurait plus comporter d'amélioration (2).

Par lettre du 20 octobre 1908, la « Fédération des associations charbonnières de Belgique a transmis à la Commission officielle d'enquête le rapport de ses délégués sur l'application de la journée de neuf heures dans les charbonnages d'Autriche (3) l'activité de la Fédération

1. Voir ci-dessus page 101 et note 2. (Repos et repas des ouvriers).

2. Lettre de la Fédération, Liége, 20 octobre 1908, p. VIII.

3. « ... La Fédération a cru devoir envoyer en Autriche une commission composée de plusieurs ingénieurs, rompus à la pratique des mines afin d'examiner la question sur place ; il n'est pas possible de séparer actuellement le travail de ces délégués de celui du Rapporteur de la Commission attendu qu'il n'y a guère de concordance entre les deux... »
Organe Industriel, Commercial et Economique du Bassin de Liége, n° 48, 28 novembre 1908, p. 2, col. 3.

ne s'est pas bornée là, dans une autre lettre du 16 novembre (1), elle a présenté à la commission d'enquête une réfutation des vues économiques formant la conclusion du rapport de M. le Professeur de Leener sur le marché charbonnier belge.

La lutte autour de la limitation légale de la journée de travail des ouvriers mineurs devient plus vive que jamais; les travaux des deux rapporteurs de la Commission d'enquête ont donné naissance à des polémiques qui ne sont pas près de s'apaiser; il n'est pas douteux qu'en présence de sources d'informations aussi nombreuses, la Chambre des Représentants, mal informée en 1907, n'ait à cœur de reprendre au plus tôt la discussion du projet de loi sur les mines qui, par l'effet de l'arrêté de retrait, n'a pu valablement être voté par cette Assemblée (2).

Des documents et des avis nouveaux contribueront à éclairer les Représentants sur la question qui fera l'objet de leurs prochains débats.

Actuellement le Conseil Supérieur du travail, étudie à son tour, comme l'a déjà fait le Conseil Supérieur de l'Industrie et du Commerce, les modes de réglementation du travail des adultes, M. le rapporteur Dejace a pré-

1. Les lettres de la Fédération et le rapport de ses délégués ont fait l'objet de deux circulaires du Comité central des houillères de France :

Lettre et rapport du 20 octobre 1908. Circulaire n° 3712, du 10 novembre 1908.

Lettre du 16 novembre 1908. Circulaire n° 3741, du 18 décembre 1908.

2. Voir ci-dessus, p. 149.

senté le 20 octobre, à la Commission spéciale, un projet de résolution ainsi conçu (2) :

Le Conseil Supérieur du travail, estimant qu'il n'y a pas lieu de fixer par la loi d'une façon générale la journée normale de travail des adultes, mais que dans les industries où la durée du travail quotidien constituerait un danger pour la santé des travailleurs, il est légitime que le législateur intervienne pour parer à ces *abus*.

Estime qu'il y a lieu de déléguer au pouvoir exécutif le droit de limiter la durée du travail, en cas d'*abus*, moyennant la consultation obligatoire des conseils de l'industrie et du travail, du conseil supérieur du travail et du conseil supérieur d'hygiène publique.

Ce projet de résolution fut adopté par la Commission par 11 voix sur 12, c'est l'approbation pure et simple du texte voté par le Sénat, sur l'amendement de M. Bonnaert (1).

Cette délégation au pouvoir exécutif du soin de réglementer, en cas d'*abus*, le travail des adultes a fait écarter une autre résolution invitant « le pouvoir législatif » à ramener directement par des réductions successives, dans les industries actuellement protégées par la loi de 1889, la limite de la durée du travail à dix heures (2).

M. Denis, un des champions de la thèse intervention-

1. Voir ci-dessus, p. 151 et ci-dessous, p. 221.

2. Confér., Proposition Bertrand du 26 février 1895, p. 109 ci-dessus.

niste se propose de soumettre à l'Assemblée Plénière du Conseil Supérieur du travail, un projet de résolution tendant à la réduction légale de la durée du travail souterrain des mines de houille des anciens bassins, d'une demi-heure de deux ans en deux ans, jusqu'à ce qu'elle ait atteint huit heures, descente et remonte comprises (1).

Il ne nous est pas possible de préjuger des décisions du Conseil Supérieur du travail, décisions dont nous n'avons point encore eu connaissance (2), nous ne pouvons qu'enregistrer ici le dernier état de la question.

Quelle que soit la résolution adoptée par le Conseil Supérieur du travail, nous avons tout lieu de croire que, dans un avenir très prochain, la réforme des lois minières des 21 avril 1810 et 2 mai 1837 aboutira devant la Chambre et que le texte adopté par le Sénat — déléguant au pouvoir exécutif le droit de limiter dans certaines mines, la durée du travail, en cas d'*abus* des forces des ouvriers —, si peu différent de celui précédemment adopté par les Représentants, obtiendra à son tour leur approbation.

---

1. Voir proposition Denis et Vendervelde, p. 112 ci-dessus ; discours de M. Denis en faveur de la thèse interventionniste, Chambre, 20 février 1907, p. 122 à 124 ci-dessus.

Amendement Denis-Vandervelde, p. 135.

2. *Journal de Charleroi*, 24 octobre 1908.

3. Le musée social, le comité central des houillères de France et la légation de Belgique n'ont pu nous fournir de précisions à ce sujet : une lettre de nous, adressée à M. Denis le 14 décembre n'a pas ancore reçu de réponse (30 déc. 1908).

Nous rappelons ci-dessous les deux textes.

Art. 36

Texte de la Chambre des Représentants	*Texte du Sénat*
En vue d'empêcher l'abus des forces des ouvriers, et à défaut d'une loi spéciale relative à cet objet, un Arrêté royal fixera, après avis du Conseil des Mines, du Conseil Supérieur du Travail et des Sections compétentes des Conseils de l'Industrie et du Travail, le nombre quotidien d'heures durant lesquelles les ouvriers pourront être employés à l'intérieur dans l'exploitation effective des mines de combustibles du Bassin du Nord.	Aux fins de sauvegarder la santé des ouvriers et d'empêcher l'abus de leurs forces, le gouvernement fixera par disposition générale et spéciale, après avis du conseil des Mines, des Sections compétentes des Conseils de l'Industrie et du Travail et du Conseil Supérieur du Travail le nombre quotidien d'heures durant lesquelles les ouvriers pourront être employés à l'intérieur des mines de combustibles, concédées postérieurement au 7 février 1905.

La Chambre des Représentants apportera, selon nous, d'autant plus de bonne grâce à suivre la rédaction du Sénat que, par suite de l'arrêté de retrait du projet de loi sur les mines, elle sera censée émettre son vote sur la réforme des lois minières, pour la première fois.

Elle n'aura donc pas sujet de donner prise à ce sentiment de coquetterie, si fréquent parmi les assemblées politiques, qui les incite à ne pas se laisser imposer un texte différent de celui qu'elles ont adopté et à ne pas vouloir revenir sur leurs précédentes décisions.

Au reste, nous avons déjà vu que les modifications de détail comportant l'application des mesures prévues par l'article 36 aux mines concédées postérieurement au 7 février 1905, c'est-à-dire aux dernières concessions faites dans le bassin de la Campine, avaient trouvé un immense écho dans l'opinion publique, elles ne peuvent manquer d'obtenir l'assentiment des Représentants.

Il est à espérer que le gouvernement saura par l'usage qu'il fera de la délégation qui lui aura été consentie justifier la confiance du pouvoir législatif, qu'il s'en servira pour adapter les solutions aux nécessités de fait, aux situations et aux circonstances différentes et qu'il trouvera dans les Conseils compétents des avis éclairés et un appui moral efficace.

Il est surtout à espérer que le gouvernement saura planer au-dessus des querelles des partis, et que le pouvoir qui lui aura été conféré ne deviendra pas entre ses mains, comme affectent de le croire quelques-uns (1), une arme politique dangereuse dont il userait pour punir ceux dont il serait mécontent et favoriser ceux dont il aurait à se louer.

Les industriels seraient ainsi à la merci du gouvernement et selon que le pouvoir passerait aux mains de tel ou tel parti, ils auraient tout à redouter. La grande industrie serait frappée et un gouvernement qui obéirait aux injonctions des syndicats ouvriers et qui flatterait les masses électorales montrerait que le pouvoir qui lui a été conféré est exorbitant et aboutit à un régime de privilège, de favoritisme et d'arbitraire.

---

1. Voir les critiques de la délégation au pouvoir exécutif dans *l'Organe industriel, commercial, et économique du Bassin de Liège*, seizième année, n° 42, 17 octobre 1908.

Nous avons trop confiance dans la sagesse et le bon sens des hommes d'Etat belges pour leur faire l'injure de croire qu'ils tomberont dans d'aussi déplorables erreurs.

Et pourtant, quand bien même des fautes ou des imprudences viendraient à être commises dans l'avenir, quand bien même, par suite de modifications ultérieures que nous ne pouvons prévoir, l'application de l'article 36 s'étendrait à toutes les mines du pays, nous voulons encore croire avec M. le Professeur de Leener, que quelle soit l'influence de la réforme de la loi minière sur la production et le prix de revient, la Belgique doit considérer l'avenir sans inquiétude, si elle peut compter sur la sagesse des consommateurs et de l'Etat pour collaborer, à réfréner les spéculations des producteurs et entraver la hausse par les mesures appropriées que nous avons mentionnées dans notre dernier chapitre ; nous pouvons donc nous arrêter à une conclusion rassurante.

Et même dans le cas où l'aveuglement des consommateurs et de l'Etat les conduiraient à provoquer une hausse considérable des prix, concordant avec une réduction de la production, une crise grave serait à craindre, c'est indéniable ; de nombreuses et grandes industries seraient fortement compromises, mais l'industrie belge n'aurait pas à en souffrir d'une manière durable.

Il est donc à souhaiter que la réforme procède avec calme et pondération, de manière à ce qu'un amas de ruines individuelles ne soit pas le prix du relèvement et l'émancipation du mineur belge, devenu par le fait de l'intervention légale, un travailleur consciencieux, dont les intérêts seront alors nettement solidaires de ceux qui l'emploient et qui, en retour, voudront voir en lui, plus un collaborateur et même un associé qu'un simple salarié.

INDEX BIBLIOGRAPHIQUE

Annales Parlementaires de Belgique.

— Projet de loi complétant et modifiant les lois du 21 avril 1810 et du 2 mai 1837 sur les mines.

— A. — *Chambre des Représentants.*

Session 1905-1906. Rapport de M. Versteylen : document parlementaire, n° 62, 25 janvier 1906.

Session 1906-1907. Discussion : Séances, 13 février — 7 mai 1907.

B. — *Sénat de Belgique.*

Session 1907-1908. Rapport de M. Dupont : document parlementaire, n° 5, 12 novembre 1907.

Discussion : Séances, 13 décembre 1907 — 13 février 1908.

Bés de Berc (R.). — La loi du 29 juin 1905 sur la durée du travail, dans les mines. Paris, 1906.

Bulletin du Comité Central du travail industriel de Belgique, 15 novembre 1907.

— Analyse du rapport de M. Sabatier sur la proposition de M. P. Janson, limitant à dix heures la durée de la journée de travail des adultes dans les charbonnages.

Bulletin de l'Inspection du travail. Paris, 1903.
Lettre du ministre du Commerce (28 mars 1902) à M. l'Ingénieur en chef des mines à Arras.

Comité Central des houillères de France.
— Circulaires, nos 2.578, 3.351, 3.377, 3.445, 3.659, 3.667, 3.712 et 3.741.

Comité Central du travail industriel de Belgique :
— Documents relatifs à l'enquête sur la durée du travail dans les mines, recueillis pour MM. les membres des associations charbonnières du pays. Fascicules I, II, III, Bruxelles, 1907.
— Enquête sur la durée du travail dans les mines de houille. Compte rendu analytique des séances. Bruxelles, 1907-1908.

Conseil supérieur de l'industrie et du commerce :
— Limitation de la durée du travail. Compte rendu des séances des 29 août 1906 et 20 mars 1907.
— Rapport général de la commission, présenté par M. F. de Smet de Nayer.
— Rapports des groupes. Groupe I. Industries extractives. Bruxelles, 1907.

Delmer. — Rapport présenté au nom de la Commission d'enquête sur la durée du travail dans les mines de houille.
— Pays étrangers. Données statistiques et mesures législatives. Bruxelles, 1908.

Esmein. — Eléments de droit constitutionnel. Paris, 1906.

FÉDÉRATION DES ASSOCIATIONS CHARBONNIÈRES DE BELGIQUE.

— Lettre et rapport sur l'application de la loi autrichienne du 27 juin 1901. Liége, 20 octobre 1908.

— Lettre à la Commission d'enquête sur la durée du travail dans les mines. Liége, 16 novembre 1908.

JACQUOT (L.). — La réglementation de la durée du travail dans les mines. Paris, 1903.

JAY (R.). — Cours de législation industrielle à la Faculté de droit, 1905-1906.

La protection légale des travailleurs. Paris, 1904.

LEENER (De). — Rapport présenté au nom de la Commission d'enquête sur la durée du travail dans les mines de houille. « Le marché charbonnier belge. » Bruxelles, 1908.

MINISTÈRE DE L'INDUSTRIE ET DU TRAVAIL DE BELGIQUE.

— Durée du travail des adultes dans les mines. Consultation des conseils de l'industrie et du travail. Sections minières, 1907.

PANDECTES BELGES. Mines, t. LXIV (1900), §§ 2223 à 2234.

RÉFORME ÉCONOMIQUE, 21 février 1908.

RÉFORME SOCIALE, 1er mai 1908.

REVUE DE LÉGISLATION DES MINES, avril 1908.

REVUE DU TRAVAIL DE BELGIQUE, 31 mars 1908.

Journaux

La Belgique, 26 avril 1907.

Journal de Charleroi, 24 octobre 1908.

Journal officiel de la République Française, 31 octobre et 29 novembre 1908.

Chambre des députés. Séance, 28 novembre 1908.

Sénat. Séances du 30 octobre 1908.

Organe Industriel, Commercial et Économique du bassin de Liége, 17 octobre, 21 et 28 novembre 1908.

Le Peuple, 24 avril 1907. Bruxelles.

Le Temps, 13 et 20 avril 1907. Paris.

TABLE DES MATIÈRES

Chapitre II

Chapitre III

DEUXIÈME PARTIE

La réglementation du travail des adultes dans les mines de combustibles

Chapitre I

Chapitre II

Imp. de la librairie Giard et Brière, 16, Rue Soufflot, Paris.

www.ingramcontent.com/pod-product-compliance
Ingram Content Group UK Ltd.
Pitfield, Milton Keynes, MK11 3LW, UK
UKHW012025240726
13965UKWH00002B/587

9 782013 457347